www.ingramcontent.com/pod-product-compliance
Lightning Source LLC
LaVergne TN
LVHW011942070526
838202LV00054B/4755
9788119022175

حیدرآباد کے ادبی رسائل

(آزادی کے بعد سے حال تک)

Literary Journals of Hyderabad
After - 1947

مصنف:

ڈاکٹر محمد ناظم علی

Hyderabad ke Adabi Rasael
by: Dr Mohd Nazim Ali
Edition: January '2023
Publisher & Printer:
Taemeer Publications, Hyderabad.

ISBN 978-81-19-02217-5
9 788119 022175

کتاب	:	**حیدر آباد کے ادبی رسائل**
مصنف	:	**ڈاکٹر محمد ناظم علی**
صنف	:	تحقیق و تنقید
ناشر	:	تعمیر پبلی کیشنز (حیدرآباد، انڈیا)
زیر اہتمام	:	تعمیر ویب ڈیولپمنٹ، حیدرآباد
سالِ اشاعت	:	۲۰۲۳ء
تعداد	:	(پرنٹ آن ڈیمانڈ)
صفحات	:	۱۷۰
کمپوزنگ	:	عامر جابری (جینئس گرافکس، نظام آباد)
ملنے کے پتے	:	ڈاکٹر محمد ناظم علی، فون: +919603018825

انتساب

اپنے اساتذہ کے نام

جنہوں نے

میری ذہنی آبیاری کی

مصنف کا تعارف

نام	:	ڈاکٹر محمد ناظم علی
ولدیت	:	جناب محمد خواجہ علی
تاریخ پیدائش	:	11رجنوری1958ء
مقام پیدائش	:	حیدرآباد
تعلیم	:	ایم اے،ایم فل، پی ایچ ڈی
مصروفیت	:	پرنسپل گورنمنٹ ڈگری کالج مورتاڑ ضلع نظام آباد
تدریسی خدمات	:	مدھوملنچہ ڈگری کالج بلال شکرنگر بودھن(1985-1987)
		ناگرجنا گورنمنٹ کالج نلگنڈہ(1987-1991)
		گورنمنٹ گری راج ڈگری کالج نظام آباد(1991 سے 27جولائی2010)
مشاغل	:	کتب واخبار بینی، مضامین لکھنا
تصانیف	:	(ا) آئینہ عصر(مضامین کا مجموعہ2005ء)Mirror of the Age
		(۲) روح عصر(مضامین کا مجموعہ2006ء)Soul of the Age
		(۳) عکس ادب(مضامین کا مجموعہ 2007ء)
		glanceses of Literature
ایوارڈز	:	بسٹ ٹیچر ایوارڈ برائے1991ء(ریاستی اردو اکیڈیمی حیدرآباد)
		بسٹ ٹیچر ایوارڈ برائے2009ء(گورنمنٹ آف آندھراپردیش)
		UGC New Delhi1986 National Education Test (JRF)
		ریاستی سرکاری زبان کمیشن کا ایوارڈ2005ء

فہرست ابواب

رودادِ نو

مورخہ: 14 رنومبر 2009ء

حیدرآباد زبان وادب کی ترویج واشاعت میں کسی سے پیچھے نہیں۔ رامپور، لکھنو، دلی، اودھ، فیض آباد زبان وادب کے بڑے مرکز رہیں۔ لیکن ان میں حیدرآباد کو خاص مقام حاصل رہا یہاں کے بادشاہ ادب وزبان نواز ہونے کے علاوہ شعراء وادباء کی اعانت کرتے تھے۔ سخاوت وفیاضی میں بے مثال تھے زبان وادب کی اشاعت میں حیدرآباد موزوں مقام تھا۔ اس لئے یہاں سے کئی ایک موضوعات ومسلک پر مبنی رسائل شائع ہوتے رہے۔ لاہور، کراچی، حیدرآباد سے بے شمار رسائل شائع ہوتے تھے اور یہ ادبی رسائل کے مخزن شہر تھے۔

میں نے حیدرآباد کے ادبی رسائل آزادی کے بعد سے تا حال موضوع پر ایم فل کی سطح کا کام کیا۔ ڈاکٹر ثمینہ شوکت نگراں کار تھیں۔ 12 ماہ میں حیدرآباد کے رسائل کی چھان پھٹک کر کے لگ بھگ 40 یا 42 رسائل کو آشکار کیا ان میں بعض موقوف ومسدود ہو چکے ہیں تو بعض کا سفر جاری ہے۔ 1984ء میں مقالہ داخل کیا تھا۔ 1985ء میں ڈگری ملی لیکن آج میرے دل میں یہ بات جاگزیں ہوگئی کہ اس کو کتابی شکل دی جائے۔ چنانچہ میں نے اس کو Uptodate کر کے کتابی شکل دینے کا تہیہ کرلیا اور جہاں تک ہوسکا کوشش یہ کی گئی کہ اس کو ترمیم واضافہ کے ساتھ شائع کریں۔ رسائل کے خصوصی نمبرات کو شامل کرلیا گیا۔ خصوصی نمبرات سے رسالے کے قد وقامت کا اندازہ ہوجاتا ہے کام صرف تعارفی نوعیت کا ہے صرف رسالے کے کوائف بیان کرنے پر اکتفا کیا گیا ہے۔ تجزیہ وتنقید سے کم کام لیا گیا ہے۔ اس کو Uptodate کرنے میں جن اصحاب نے تعاون کیا ان کا تہہ دل سے شکریہ ادا کرتا ہوں اور ادارہ ادبیات اردو، نظامس ٹرسٹ کتب خانہ، آصفیہ کتب خانہ کے اردو سیکشن کے سربراہان وانچارج کا شکریہ ادا کرتا ہوں۔ جنہوں نے مواد ورسالے سے متعلق تفصیلات دیں۔ میں دوست احباب رشتہ داروں والدین کا ممنون ہوں کہ انہوں نے میری ہر قدم پر رہنمائی کی۔

میں پروفیسر یوسف سرمست صاحب کا صمیم دل سے شکریہ ادا کرتا ہوں کہ انہوں نے اس کتاب کا پیش

لفظ تحریر کیا۔ میں جناب جمیل نظام آبادی مدیر گونج پبلی کیشنز کا شکریہ ادا کرتا ہوں کہ انہوں نے کتابی شکل دینے کا مشکل کام اپنے ذمہ لیا ہے اور کتابی شکل دے دی۔ جناب عامر جابری صاحب (Genius Graphics Nzb) کا بھی شکریہ ادا کرتا ہوں جنہوں نے قیمتی وقت دے کر Composer کا فریضہ انجام دیا۔ جناب حمید الظفر سابقہ پی آر او اردو اکیڈیمی کا بھی میں ممنون ہوں کہ انہوں نے رسالوں کے مواد کی فراہمی میں مدد کی۔ کتاب میں جزوی ترمیم حذف و اضافہ کئے گئے ہیں کتابی شکل کے لئے مسودہ تیار کیا گیا ہے۔ مجھے امید ہے کہ اردو قاری اس کتاب کو خرید کر پڑھیں اور ادبی حلقوں میں مقام بنا پائے گی اور اس کی خاطر خواہ پذیرائی ہوگی۔ اس کی خوبیوں و خامیوں کی نشاندہی کریں گے۔ خامی و خوبی ہو تو مشوروں و تجاویز سے نوازیں کہ آئندہ کمیوں و خامیوں کو دور کیا جائے گا۔ کتاب کے آخر میں حیدرآباد سے شائع ہونے والے چند رسائل کے پہلے شمارے کے صفحہ اول کا عکس بھی دیا گیا ہے۔

فقط

مصنف

ڈاکٹر محمد ناظم علی ایم اے ایم فل پی ایچ ڈی

پرنسپل گورنمنٹ ڈگری کالج

مورتاڑ ضلع نظام آباد

پیش لفظ

ڈاکٹر محمد ناظم علی کی چوتھی کتاب ''حیدرآباد کی ادبی صحافت رحیدرآباد کے ادبی رسائل 1947ء کے بعد'' زیور طباعت سے آراستہ ہو رہی ہے جو ہر لحاظ سے قابل مبارکباد اور خوش آئند بات ہے۔اس سے پہلے پروفیسر انورالدین نے 1947ء تک کے علمی و ادبی رسائل کا جائزہ لیا تھا۔ڈاکٹر ناظم علی نے 1947ء کے بعد کے ادبی رسائل پر تحقیقی کام کر کے حیدرآباد کی ادبی صحافت کی تاریخ کو پائے تکمیل تک پہنچا دیا اس موضوع پر کام کرنے کی بڑی اہمیت اور ضرورت تھی اگر ڈاکٹر ناظم علی یہ کام نہ کرتے تو حیدرآباد کی ادبی وصحافتی تاریخ نامکمل رہ جاتی اس کتاب کی اشاعت سے ادبی صحافت کا پورا احاطہ ہو گیا ہے۔

ڈاکٹر ناظم علی کو میں زمانۂ طالب علمی سے جانتا ہوں وہ صحیح معنوں میں سچے اور اچھے طالب علم تھے ورنہ عام طور پر طالب علم کے نام سے طالب سند بہت ملتے ہیں اس وجہ سے سند کے ملنے کے بعد ان کے لکھنے پڑھنے کا کام ختم ہو جاتا ہے حالانکہ مستند طالب علم وہی ہو گا جس کی طلب علم سند ملنے کے بعد بھی جاری رہے۔جو طالب علم نہ ہو گا وہ اچھا استاد بھی ہو نہیں سکتا۔ڈاکٹر ناظم علی اپنے اچھے استاد ہونے کا صداقت نامہ وقتاً فوقتاً پیش کرتے رہتے ہیں یعنی ان کی کتابیں شائع ہوتی رہتی ہیں۔ان کی پہلی کتاب ''آئینۂ عصر'' ہے دوسری ''روح عصر'' اور تیسری کتاب ہے ''عکس ادب''۔یوں وہ ادب کے عصری تقاضوں سے واقف ہی نہیں رہتے بلکہ ان تقاضوں کو جوڑ کر ان کو ''عکس ادب'' کے عنوان سے پیش کرتے ہیں۔

ڈاکٹر ناظم علی کی زیر نظر کتاب پانچ ابواب میں منقسم ہیں۔پہلے باب میں اس بات سے بحث کی گئی ہے کہ ادبی رسالوں کی کیا اور کیوں اہمیت ہے۔خاص طور پر موجودہ زمانے میں جبکہ ابلاغ کے تیز ترین ذرائع پیدا ہو چکے ہیں۔ادبی رسالوں کی اہمیت اس وجہ سے اب بھی باقی ہے کہ ریڈیو ہو یا ٹیلی ویژن کوئی بھی ادبی پروگرام

عام طور سے ایک گھنٹے سے زیادہ نہیں ہوتا اور ابھی تک ایسے پروگرام ہی پیش کئے جاتے ہیں کہ تمام اصناف ادب کا احاطہ ہوسکے۔اس کے برخلاف ادبی رسالوں میں تخلیق کی کم و بیش ساری اصناف کا احاطہ آسانی سے کیا جاتا ہے۔اس کے علاوہ ادبی رسالوں کے مطالعہ میں جو سہولت دستیاب ہوتی ہے وہ دوسرے ذرائع ابلاغ میں مفقود ہوتی ہے۔مطلب یہ کہ بندھے ٹکے وقت پر یہ پروگرام پیش کئے جاتے ہیں اس وجہ سے قاری یا سامع کو بھی یوں پابند اور قید ہو جانا پڑتا ہے۔اس کے برخلاف ادبی رسالوں کے مطالعہ میں ہر طرح کی آزادی حاصل رہتی ہے کہ جب تک جی چاہے جب کبھی جی چاہے اور جتنی دیر تک چاہے وہ مطالعہ کرسکتا ہے اس وجہ ادبی رسالوں کی قدر و قیمت ہمیشہ باقی رہے گی۔

دوسرے باب کا عنوان ہے ''حیدرآباد کا سیاسی ،سماجی اور صحافتی پس منظر''اس باب میں حیدرآباد کے خاص طور پر ان سیاسی اور سماجی حالات کو پیش کیا گیا ہے جنہوں نے صحافتی پس منظر کی تشکیل میں اہم حصہ لیا۔

تیسرے باب میں 1947ء سے پہلے کے حیدرآباد کے ادبی رسالوں کی مختصر تاریخ پیش کی گئی ہے۔ جس کی بنیاد پر 1947ء کے بعد کے ادبی رسالوں کی عمارت تعمیر ہوتی ہے۔

چوتھے باب میں 1947ء کے بعد سے اب تک کے ادبی رسالوں کی چھان بین کی گئی ہے۔یہی باب مصنف کی تحقیق وتنقید کا محور و مرکز ہے۔ اس میں حیدرآباد سے نکلنے والے تمام ادبی رسالوں کا احاطہ بڑی تحقیقی کدوکاوش کے ساتھ لیا گیا ہے۔مصنف کی تحقیق اور جستجو دادطلب ہے۔اس نے نہ صرف حیدرآباد سے شائع ہونے والے ادبی رسائل کا سنہ اجراء معلوم کیا ہے بلکہ کوشش کی ہے کہ اس رسالے کے پہلے شمارے کے تعلق سے تمام ضروری معلومات پیش کی جائیں۔اور جو رسالے اس اثناء میں بند ہوئے ہیں ان کی مسدودی کے اسباب کا بھی پتہ چلایا جائے۔اس باب کے ذیلی عنوانات کے تحت ادبی ماہ ناموں کے علاوہ ہفتہ وار، دوماہی، سہ ماہی رسالوں کے ساتھ ساتھ بچوں کے اور اضلاع کے رسالوں کی تفصیل بڑی تحقیقی کدوکاوش کے ساتھ پیش کی گئی ہے

اس کتاب کا آخری باب ''حرف آخر'' کے عنوان سے لکھا گیا ہے۔ یہ بھی بڑی اہمیت رکھتا ہے کیونکہ اس میں ادبی رسائل آزادی سے پہلے اور آزادی کے بعد جس تغیر اور تبدیلی سے گذرے ہیں ان کا جائزہ لیتے ہوئے ان مسائل کو بھی پیش کیا گیا ہے جو ان کے معیار پر اثر انداز ہوتے ہیں۔

ڈاکٹر ناظم علی مبارکباد کے مستحق ہیں کہ انہوں نے بڑی عرق ریزی کے ساتھ آزادی کے بعد کے ادبی رسائل یا ادبی صحافت کا سیر حاصل جائزہ لیا ہے امید ہے کہ ان کی یہ کتاب اردو کے ادبی حلقوں میں مقبولیت حاصل کرے گی۔

(مورخہ 20؍مئی 2010ء)

یوسف سرمست
سابق صدر شعبہ اردو عثمانیہ یونیورسٹی، حیدرآباد
A-8,Journalist Colony
Jubilee Hills,
Hyderabad-500033
Ph: 9866850447, 040-65134466

حرفِ آغاز

سرزمین حیدرآباد ابتداء ہی سے ادب خیز رہی ہے۔حکومت آصفیہ میں اس زبان کو جو استحکام وفروغ حاصل ہوا وہ کسی سے پوشیدہ امرنہیں ہے دلی اور لکھنو کے اجڑنے کے بعد حیدرآباد ہی وہ جائے پناہ تھی جہاں ادیبوں اور شعراء نے عافیت پائی۔سقوط حیدرآباد کے بعد یہ گمان ہوسکتا تھا کہ یہاں سے بھی شائد اردو کو جلاوطن کردیا جائے گا۔لیکن اس زبان کی جڑیں سرزمین حیدرآباد میں اس طرح پیوست تھیں کہ نامساعد حالات کے باوجود اردو زبان یہاں نہ صرف پنپتی رہی بلکہ ارتقاء کے منازل بھی طئے کرتی رہی۔

حیدرآباد نے ہر اعتبار سے اردو زبان کو مالا مال کیا اور اردو رسائل کے اعتبار سے بھی یہ کہا جاسکتا ہے کہ یہ علاقہ کافی زرخیز ہے یہاں سے ہر طرح کے موضوعات سے مزین شائع ہونے والے رسالے سارے برصغیر میں بڑے شوق وانہماک سے پڑھے جاتے رہے۔چند ادبی رسالوں کے بارے میں تو یقیناً یہ کہا جاسکتا ہے کہ اردو ادب کو نیا موڑ دینے میں ان کا اہم حصہ رہا ہے۔اس سلسلہ میں رسالے ''صباء'' کا نام سرفہرست آتا ہے جس کے صفحات پر شائع ہونے والی ادبی بحثیں اپنی مثال آپ ہیں۔تحقیقی نوعیت کے رسائل میں ''مجلّہ عثمانیہ'' ''سب رس'' ''مبصر'' اور ''اقبال ریویو'' کو نظر انداز نہیں کیا جاسکتا اسی طرح شعر وحکمت کے وقیع اور معیاری شمارے اردو کی کساد بازاری کے دور میں بھی بھرپور علمیت کی بناء پر ہاتھوں ہاتھ لئے گئے خصوصاً اس کا ن۔م۔راشد نمبر آج بھی وقعت کی نگاہ سے دیکھا جاتا ہے۔

طنز ومزاح پر مشتمل رسالہ ''شگوفہ'' وہ واحد رسالہ ہے جو ابتداء میں دیڑھ ماہی تھا اور بعد میں ماہ نامہ کردیا گیا اودھ پنچ کے بند ہونے کے بعد ادب میں طنز ومزاح کا احیاء کرنے میں اس کی خدمات کو فراموش نہیں کیا جاسکتا۔مجھے ابتداء سے ہی رسائل پڑھنے کا شوق رہا ہے اور اسی لئے جب ایم فل میں داخلہ لینے کے بعد میرے لئے سب سے اہم مسئلہ موضوع کا انتخاب تھا میں چاہتا تھا کہ کسی ایسے موضوع کا انتخاب کروں جو نہ صرف میرا من پسند ہو بلکہ میں اس موضوع پر اپنی استطاعت کے مطابق کام بھی کرسکوں اور جو اردو زبان وادب کے خزانے میں

اضافہ کا باعث بن سکے میرے سامنے موضوعات کی ایک طویل فہرست تھی لیکن میں نے اپنی میلان طبع اور پسند کے مطابق ادبی رسائل کے موضوع کو منتخب کیا۔ ایم فل میں مقالہ لکھنے کے لئے چھ ماہ کا قلیل وقفہ دیا جاتا ہے وقت کی کمی کے احساس کے باوجود خوب سے خوب تر کی جستجو نے بحر ظلمات میں گھوڑے دوڑا دیئے اور جب طنابیں کھینچیں تو معلوم ہوا کہ وقت کافی گذر چکا ہے ظاہر ہے کہ یہ وقت بھی ناکافی ہے اس لئے کہ تفصیلی جائزہ یقیناً فرصت کا متقاضی ہے۔ بہرحال جو کچھ اس عرصہ میں دستیاب ہوسکا اسے کوزہ میں سمونے کی حتی الامکان کوشش کی گئی۔ اس مقالے کو پانچ ابواب میں تقسیم کیا گیا ہے پہلے باب میں ذرائع ابلاغ میں ادبی رسالوں کی اہمیت پر روشنی ڈالی گئی ہے۔ دوسرے باب میں حیدرآباد کا سیاسی، سماجی، صحافتی پس منظر پیش کیا گیا ہے۔ تیسرے باب میں ماقبل آزادی کی ادبی رسالوں کی تاریخ کو مختصر قلمبند کیا گیا ہے۔ چوتھے باب میں آزادی کے بعد سے حال تک کے ادبی رسائل کا علیحدہ علیحدہ جائزہ لیا گیا ہے۔ پانچویں باب میں ''حرف آخر'' کے عنوان کے تحت آزادی کے بعد کی صحافت کے معیار اور ادبی رسائل پر روشنی ڈالی گئی ہے۔ اس مقالے کی نگراں محترمہ ڈاکٹر ثمینہ شوکت ریڈر شعبہ اردو نے جس شفقت اور عالمانہ تبحر سے ہر نازک مرحلے اور مسئلہ پر میری رہنمائی فرمائی اس کے لئے میں تہہ دل سے مشکور ہوں اور محترمہ ڈاکٹر صاحبہ کا تعاون اگر میرے شامل حال نہ ہوتا تو اس مقالہ کا تصور محال تھا۔ میں ان کی عنایتوں و اعانتوں اور مشوروں کا شکریہ ادا کرنا اپنا اولین فرض سمجھتا ہوں ان کی حوصلہ افزائی نے میری ہمت کو بال و پر دیئے اور میرے شوق کو مہمیز کیا۔

صدر شعبہ اردو محترم پروفیسر ڈاکٹر گیان چند جین صاحب نے ہر نازک لمحہ پر مجھے سہارا دے کر میری مدد فرمائی ان کے خلوص اور مشوروں کا کسی طرح بھی شکریہ ادا نہیں کیا جاسکتا صرف اتنا کہوں گا کہ ان کی بے پناہ علمی لیاقت کے آگے سر نہ جھکانا یقیناً بے ادبی ہوگی۔ مواد کی فراہمی کے سلسلہ میں، میں جناب اختر حسن صاحب، محترمہ صفیہ اریب صاحبہ، جناب اعظم راہی صاحب، جناب صلاح الدین نیر صاحب، جناب انور الدین صاحب، انور مسعود صاحب اور حبیب نثار صاحب کا شکریہ ادا کرتا ہوں۔ ان کے علاوہ خواجہ محمد سرور صاحب، حمید الظفر صاحب اور کتب خانہ آصفیہ، کتب خانہ عثمانیہ یونیورسٹی کے کارکنوں کا شکریہ ادا کرنا میں اپنا فرض سمجھتا ہوں۔

مقالے کی تیاری کے سلسلہ میں اپنی چھوٹی بہن راشیدہ بیگم کے لئے دعا گو ہوں۔ ڈاکٹر مغنی تبسم صاحب کا بھی میں ممنون ہوں جنہوں نے جب بھی مجھے ضرورت ہوتی میری اعانت کی ان کے علاوہ ڈاکٹر سید مجاور حسین رضوی صاحب نے نہ صرف مجھے مفید مشوروں سے نوازا بلکہ میری ہمت افزائی بھی فرمائی میں ان کا تہہ دل سے شکریہ ادا کرتا ہوں۔

آخر میں اپنے شعبہ کے ساتھیوں کا شکریہ ادا کرتا ہوں جنہوں نے مختلف مرحلوں پر اپنے مفید مشوروں سے مجھے نوازا اور مواد کی فراہمی میں میری مدد فرمائی۔

1984ء

مصنف
ڈاکٹر محمد ناظم علی ریسرچ اسکالر
حیدرآباد سنٹرل یونیورسٹی
حیدرآباد

ذرائع ابلاغ میں ادبی رسالوں کی اہمیت

خبر یا کسی رجحان وتحریک کی ترسیل واشاعت کو ابلاغ کہا جاتا ہے چاہے وہ سیاسی ہو، معاشی ہو، سماجی یا ادبی تہذیبی وثقافتی ہی کیوں نہ ہو۔ البتہ ان کے اظہار کے مختلف طریقے ونوعتیں ہوا کرتی ہیں۔ شہنشاہی و جاگیرداری دور میں انسانوں اور پرندوں کے ذریعہ خبررسانی کا اہتمام کیا جاتا رہا۔ چنانچہ ہماری اردو وہندی شاعری میں کبوتر اور کوا بھی قاصد یا پیامبر کی حیثیت سے ملتے ہیں۔ قدیم سماج میں شاعری اور مشاعرہ کو خاص اہمیت حاصل تھی اور یہ ادارے بھی ابلاغ کے فرائض انجام دیتے تھے۔ انگریزوں کے ہندوستان میں آنے کے بعد ابتداء میں خبررسانی کے لئے مغلیہ طریقہ پر عمل کیا گیا اور بعد میں بتدریج ان کے طریقوں میں تبدیلیاں وقوع پذیر ہوتی گئیں۔ چنانچہ مغرب میں نشاۃ ثانیہ کی تحریک کی وجہ سے آلۂ طباعت کا انکشاف ہوا۔ اس کے بعد سے ابلاغ کے ذرائع میں مختلف تبدیلیاں ہوتی رہیں انیسویں صدی کے اواخر میں اظہار وابلاغ کے مختلف ذرائع ظہور میں آنے لگے جن میں وائرلیس، ریڈیو، فلم، ٹیلی ویژن، تاربرقی، کمپیوٹر، سٹلائٹ، ٹیلی پنٹر، سیل فون، انٹرنیٹ، فیاکس، ای میل اور راڈر کے ذریعہ خبروں کی ترسیل برق رفتاری سے ہورہی ہے۔

خاموش فلمیں بھی ایک زمانے میں ذرائع ابلاغ کی حیثیت سے شہرت پا چکی تھیں مگر اس کے بعد ناطق فلموں نے اس کی جگہ لے لی۔ ان فلموں کے ذریعہ بھی خیالات کی ترسیل ہوتی رہی۔ ان فلموں کے ذریعہ افسانے، ناول، ڈرامے، داستانیں وغیرہ کے پلاٹ کردار وغیرہ کو فلمایا جاتا اور پردہ سیمیں پر پیش کیا جاتا تھا۔ اس کے ساتھ ہی ٹیلی ویژن بھی ایک بہترین ذریعہ ابلاغ ثابت ہورہا ہے اور دیکھتے ہی دیکھتے ہمارے معاشرہ میں خاص اہمیت حاصل کرچکا ہے۔ اس کے ذریعہ سے آج بھی ادبی ترسیل ہوتی رہتی ہے۔ اس کے علاوہ کسانوں کی رہبری ورہنمائی کے لئے زرعی پروگرام پیش کئے جاتے ہیں اور مزدوروں وکاشت کاروں میں علمی شعور کی بیداری کے لئے ایسے پروگرام ٹیلی کاسٹ کئے جاتے ہیں جن سے ہندوستان کے جاہل عوام کی بہتری رہنمائی ہوسکے۔ اس طرح سے بیسویں صدی تک اظہار وابلاغ کے کئی ترقی یافتہ ذرائع منظر عام پر آگئے۔ مندرجہ بالا ترقی یافتہ ذرائع ادب ورسائل کے لئے بڑے حریف ثابت ہورہے ہیں۔ لیکن یہ کہنا بے جا نہ ہوگا کہ آج بھی دنیا کی انسانیت اخبارات وجرائد کے مطالعہ کیلئے کچھ نہ کچھ وقت مختص کرتی ہے لیکن دوسرے ترقی یافتہ ذرائع عوام میں

دلچسپی کا باعث بنتے جا رہے ہیں ۔ ایسے میں ادبی رسائل ہی واحد فکر کی ترسیل کا ذریعہ نہیں رہا۔ گو کہ شاعر و ادیب کی آواز کسی نہ کسی طرح عوام تک پہنچ جاتی ہے لیکن آج کے سماج میں ٹی وی اور ریڈیو مقبول و معروف ذرائع ابلاغ تصور کیے جاتے ہیں اور ان مختلف ذرائع ترسیل کے اوپر حکومت کا تسلط حاوی ہے پھر بھی لوگوں تک یہ پیغام پہنچ ہی جاتا ہے۔ ادبی رسائل بھی چونکہ اپنے قارئین کی تسکین کے لئے مختلف علوم وفنون پر مبنی مضامین شائع کرتے ہیں اور ان میں مختلف النوع چیزیں ہوتی ہیں ان میں شعر و ادب فلم ڈرامے، مصوری، موسیقی، رقص، ریڈیو ٹی وی رپورٹ، نفسیات و جنسیات و خبریں غرض ہر وہ علم جو انسانی زندگی و انسان سے بحث کرتا ہے رسائل میں ملتے ہیں البتہ رسالوں کی نوعیت الگ ہوا کرے گی بعض قانونی ہوں گے تو بعض طبی ہوں گے تو بعض بچوں کے آرگن ہوں گے تو کوئی ادبی ہوں گے اور بعض دینی و علمی ہوں گے اس طرح سے ادبی رسائل بھی ابلاغ کے فرائض انجام دیئے ہیں۔

ادب اور شاعری کی ترسیل و ابلاغ میں ادبی ماہناموں اور روزناموں نے نمایاں خدمت انجام دیتے آرہے ہیں ان کی اہمیت سے انکار بھی نہیں کیا جاسکتا۔ یہ ماہ نامے قلم کاروں کو تحریک و ترغیب دیتے ہیں اور انہیں دعوت نگارش دے کر نئے نئے موضوعات پر لکھواتے ہیں اپنی ہر اشاعت میں متنوع نظم و نثر تخلیقات پیش کر کے قارئین کے ذوق کو تازگی بخشتے ہیں اگر یہ ماہ نامے نہ ہوتے تو دیوانوں کے خوابوں کی تعبیر نہیں ہوتی تھی اور ادب میں جمود کی سی کیفیت طاری ہو جاتی تھی اور شعر و ادب کو اتنا فروغ حاصل نہ ہوتا۔ اور نہ ہی ادیبوں اور شاعروں کی اتنی تشہیر ہوتی اور نہ ادیبوں اور شاعروں میں لکھنے کی نئی تحریص پیدا ہوتی۔ اور نہ ہی اردو کے اتنے ممتاز و مشہور اہل قلم پیدا ہوتے۔

رونق جہاں زیدی نے رسالوں کی اہمیت کو ظاہر کرتے ہوئے فرمایا کہ ''کتابیں ٹھہرے ہوئے علم کا اظہار ہوتی ہیں جب کہ ادبی رسالے اپنے جلو میں متحرک اور تغیر پذیر ادب کو ساتھ لئے چلتے ہیں ان جرائد نے ادب کی تاریخ کو آگے بڑھانے اور تشکیل کو برقرار رکھنے میں خاصہ حصہ ادا کیا ہے۔'' (ادبی رسائل کے مسائل صفحہ 47) ادبی رسالے دراصل ادب کی جان ہوتے ہیں جن میں فکر و فن کے جلوے بے نقاب ہوتے ہیں جن میں

زندگی کی رعنائیاں علم کے گوہر فکر کے ثمر اور ادب کا حسن انگڑائیاں لیتا نظر آتا ہے ان میں تخلیق بھی ہوتی ہے اور تنقید بھی، تاریخ کے اوراق بھی ہوتے ہیں۔ تحقیق کی گہر فشانی بھی، ان سے ہماری تہذیب کے اقدار کا تحفظ ہوتا ہے یہ ہمارے علمی وادبی سرمائے کے محافظ ہیں یہ قوم کی ذہنی خدمت کرتے ہیں انہیں بلندیوں کی راہ دکھاتے ہیں یہ روشنی فکر کے منارے ہیں جہاں سے زندگی کو روشنی وحرارت دونوں ملتی ہے ان سے افکار کی دولت ہوتی ہے تشنگان علم کی سیرابی کا اس طرح سے سامان بہم پہنچ جاتا ہے اور ادب کی ترویج واشاعت ارتقاء وبقاء میں ادبی رسائل نے وہ کارہائے نمایاں انجام دی ہیں کہ تاریخ صحافت میں یہ رسالے ہمیشہ قائم ودائم رہیں گے ان میں ادبی مضامین جدت اور متنوع موضوع لئے ہوئے ہوتے ہیں اور عصر حاضر اور عصری تقاضوں ومسائل سے مزین مضامین بھی شائع ہوتے ہیں۔ اردو کے ادبی رسائل نے ادب کی ترقی وارتقاء میں غیر معمولی کارنامے انجام دیئے ہیں۔

حیدرآباد کا سیاسی سماجی و صحافتی پس منظر

حیدرآباد فرخندہ بنیاد کئی بادشاہوں اور خدا رسیدہ بزرگوں کا شہر رہا ہے اس کی بنیاد اردو کے پہلے صاحب دیوان شاعر محمد قلی قطب شاہ نے 1000 ھ میں رکھی۔ ان کے دور میں اردو زبان و ادب کو غیر معمولی ترقی حاصل ہوئی اس کی مثال بعد کے صدیوں میں کم ملتی ہے۔ جس بادشاہ نے محمد قلی قطب شاہ کی طرح اردو زبان کی گراں قدر خدمات انجام دی ہے وہ نواب میر عثمان علی خاں آصف جاہ سابع کا نام ہوگا لیکن محمد قلی قطب شاہ کی وفات 1020 ھ سے لے کر آصف جاہ سابع تخت نشین 1329 ھ کے درمیان ان تینوں صدیوں میں اردو زبان اپنی ارتقاء کی منزلیں کبھی تیز رفتاری سے اور کبھی سست گامی سے برابر طئے کرتی رہی اور ادب کے سرمایہ میں کبھی بیش بہا اور کبھی کم مایہ اضافے ضرور ہوتے رہے ہیں۔ زوال تانا شاہ کے بعد اورنگ زیب عالمگیر کے زمانے میں دکن کی حیثیت ایک صوبہ کی قرار پائی اور مرکزیت حیدرآباد سے نکل کر دلی اور پھر اورنگ آباد منتقل ہوگئی اس طرح گویا حیدرآباد کے تہذیبی معاشرتی اور ادبی زندگی میں ٹھہراؤ پیدا ہوگیا۔ پھر اس کے بعد 1173 ھ میں نواب نظام علی خان نے اپنی تخت نشینی کے بعد اورنگ آباد سے حیدرآباد کو اپنا دارالسلطنت منتقل کر دیا گویا دوبارہ حیدرآباد ادبی، تہذیبی اور معاشرتی زندگی کا مرکز بن گیا۔ شہر اردو پھر سے انجمن آرائی میں مصروف نظر آنے لگا۔ تہذیبی قدریں اور سماجی اصول فروغ پانے لگے ادب اور اردو صحافت کیلئے شگونِ نیک ثابت ہوئی۔ بحیثیت مجموعی دیکھا جائے تو محمد قلی قطب شاہ سے 1947ء تک کا زمانہ اردو ادب اور اردو صحافت کے لئے خوشگوار رہا اور اس دور میں اردو خوب پھلی پھولی۔ لیکن 1947ء کا زمانہ حیدرآباد کی سیاست کا بڑا پیچیدہ غیر یقینی اور افراتفری کا رہا جس کا نتیجہ یہ نکلا کہ حیدرآباد کی خودمختارانہ حیثیت ختم ہوگئی۔ آزادی سے قبل ہندوستانی عوام میں ایک تصور یہ تھا کہ ہمارا دیش غلامی کی زنجیروں میں جکڑا ہوا ہے۔ اسے بہرحال آزادی ملنا ہے اور یہ ہمارا قومی فرض تھا۔ اس سلسلہ میں ہمارے ملک کے لوگ مختلف سیاسی پارٹیوں میں منقسم ہونے کے باوجود آزادئ وطن کے ایک ہی جذبہ سے سرشار متحد و منظّم ہوکر آگے بڑھ رہے تھے جس کا عکس ہم کو اس دور کی نہ صرف تمام سیاسی سماجی اور معاشی تحریکوں میں نظر آتا ہے بلکہ ہمارے ملک کی تمام زبانوں کے ادب اور صحافت پر اس کا اثر حاوی یا غالب رہا ہے چنانچہ حیدرآباد میں جدوجہد آزادی کے دوران جو اخبارات ایک خاص مسلک کو لے کر چلتے تھے ان میں سرفہرست نام

اخبار ''پیام'' کا ہے جس کے بانی قاضی عبدالغفار تھے۔ ابتداء میں ان ہی کی ادارت میں شائع ہوا کرتا تھا اور یہ جمہوری اقدار کا ترجمان اخبار تھا۔ کانگریس نظریا کا بھی حامل تھا۔

''میزان'' یہ بات خاص طور پر قابل لحاظ ہے کہ یہ وہ واحد اخبار ہے جو بیک وقت اردو، انگریزی، تلگو میں شائع ہوتا تھا اور خاص سیاسی خلفشار کے اس دور میں مسلمانوں کے مفادات کا ترجمان بھی تھا یہ اخبار غلام احمد کی ملکیت تھا اور حبیب اللہ اوج کی ادارت میں شائع ہوتا تھا۔ اور مجلس کا ترجمان اخبار ''تنظیم'' تھا جو علی اشرف کی ادارت میں 1944ء سے نکلنا شروع ہوا تھا اور 1948ء کے بعد بند ہوگیا یہ اخبار بھی مسلم مفادات کا ترجمان تھا یہ اس زمانے کی سیاسی تحریکات کا ترجمان بھی تھا۔ 1948ء کے ہنگامہ خیز دور میں بند ہوگیا۔ ایسے اخبارات جو مسلم مفادات کے ترجمان تھے ان میں سے ایک نام ''جناح'' کا بھی ہے جو تھوڑے ہی دنوں میں بند ہوگیا اور اس کے ایڈیٹر نے بعد میں ''منزل'' کے نام سے دوسرا اخبار جاری کیا۔ اس کا بھی سلسلہ کچھ عرصہ کے بعد بند ہوگیا مجلس کے ترجمان اخباروں کی مخالفت میں جو اخبار جاری ہوئے ان میں ''انقلاب'' خاص طور پر قابل ذکر ہے جو 1947ء میں مرتضٰی مجتہدی کی ادارت میں جاری ہوا یہ اخبار مختلف نقاط نظر کا حامل تھا اور اشتعال انگیز سرخیاں لگانا اس کا خاص شعار تھا۔ یہ اخبار بھی 1948ء میں بند ہوگیا اس کی جگہ مرتضٰی مجتہدی کی ہی ادارت میں ''اقدام'' نکلنے لگا۔ یہ اخبار سیاسی ہونے کے علاوہ ادبی بھی تھا۔ اور اس میں فلمی مضامین بھی شائع ہوا کرتے تھے اس اخبار سے بہت سے ترقی پسند صحافیوں کا ایک بڑا گروہ وابستہ تھا جن میں شاہد صدیقی، احسن علی مرزا، خاص طور پر قابل ذکر ہیں۔ ادبی مضامین کے لئے اس اخبار کی طرف سے انعام کا سلسلہ بھی شروع کیا گیا تھا۔ مجلس کی موافقیت اور مخالفت میں جاری ہوئے ان مندرجہ بالا اخبارات کے علاوہ ایک ایسا اخبار بھی تھا جو قوم پرست کہلایا جاسکتا تھا۔ یہ ''امروز'' تھا جو جمہوری اور قوم پرستانہ رجحانات کو شائع کرتا تھا اس کے ایڈیٹر شعیب اللہ تھے اس کو کانگریس پارٹی کی سرپرستی حاصل تھی اور کانگریس پارٹی کے مسلک کو آگے بڑھانے کے لئے ''شعیب'' نامی اخبار بھی جاری کیا گیا تھا۔

عہد آصف جاہی کے دور کے اخباروں میں ''علم وعمل'' وہ روزنامہ تھا جو علم کی اہمیت اور عمل کی ترغیب

کے مقصد کے تحت 1902 ء سے جاری کیا گیا تھا۔اس کے بانی محبّ حسین تھے اوراس کے پہلے مدیر صادق حسین تھے۔اس میں دور کے سب ہی بڑے ادیب شعراء کی تخلیقات شامل ہوتی تھیں۔اس کی امتیازی خصوصیت یہ ہے کہ اس میں حکمراں وقت نواب میر محبوب علی خاں آصف جاہی ثالث کا کلام بھی شائع ہوتا تھا۔اس اخبار کی دوسری خصوصیت اس کی ترقی پسندی ہے محبّ حسین وہ پہلے مجاہد ہیں جنہوں نے جاگیردارانہ ذہن وانداز فکر پر کاری ضرب لگائی اوراس عہد کی تعیش پسندی ذہنی جمود کے خلاف اپنے اخبار کے ذریعہ آواز اٹھائی۔علم ودانش کے وہ چراغ روشن کئے جن کی بدولت روایت وتعفن کے اندھیری راہیں روشن ہوگئیں۔سیاسی بیداری کے اعتبار سے بھی علم وعمل کا کارنامہ ناقابل فراموش ہے اس اخبار نے آہستہ آہستہ سیاسی بیداری کی لہر کو آگے بڑھانے کی کوشش کی

عہد آصف جاہی کا دوسرا اخبار صحیفہ ہے جو سیاسی ثقافتی اورسماجی اقدار سے ہٹ کر بھی علمی مقالات کو شائع کرتا تھا۔اس روزنامے کا اپنا ایک ذاتی مطبع تھا جو صحیفہ پریس کے نام سے موسوم تھا۔یہ اخبار ابتداء میں ایک ماہوار رسالہ تھا۔جس کو رضی الدین کیفی نے 1905 ء میں جاری کیا دوبارہ 1912 ء میں جاری ہوا اور ماہ نامے کے بجائے روزنامہ کردیا گیا۔اس روزنامہ کی خصوصیات یہ تھی کہ اس میں ''علم وعمل'' روزنامے کی طرح میر آصف جاہ سابع میر عثمان علی خان کا کلام شائع ہوتا تھا۔اور صفحہ اول پر نمایاں سرخی کے ساتھ شائع ہوتا تھا اوران کے استاد فصاحت جنگ جلیل مانکپوری کی رائے اس پر درج ہوتی تھی۔ یہ ایک ایسا اخبار تھا جو مدت دراز تک نکلتا رہا اور 1948 ء کے بعد کچھ عرصہ تک جاری رہا یہ اپنے وقت کا ایک سنجیدہ ومہذب اور تعلیم یافتہ طبقہ میں مقبول اخبار تھا۔

''مشیر دکن'' مشیر دکن حیدرآباد کا وہ روزنامہ ہے جو زبان وبیان کی سادگی کے اعتبار سے دکن کا مقبول عام اخبار تھا اس کے لکھنے والوں میں کشن راؤ، سردار علی، مجیب احمد تمنائی، عبدالمجید، میر حسن، احسن علی مرزا جیسے صحافی کے نام ملتے ہیں یہ اخبار تجربہ کار اور دوراندیش کارکنوں کی نگرانی میں نکلتا تھا۔

''رہبر دکن'' جون 1920 ء سے سید احمد محی الدین صاحب کی ادارت میں نکلا کرتا تھا۔ ماضی میں یہ بے حد مقبول رہا اس اخبار کے صفحہ اول پر بالا التزام مقامی شعراء کی ایک منتخب غزل اور ایک طویل مضمون کسی نہ کسی عنوان سے شائع ہوتی تھی۔اس میں حضور نظام کا کلام اوران کے وہ پسندیدہ مضامین جو ہوش بلگرانی کے قلم سے

لکھے ہوئے تھے ''اس کا رہبر و رہرو'' مزاحیہ کالم بہت مشہور ہوا۔''رہبر دکن'' انڈین یونین میں ریاست حیدرآباد کی شمولیت کی مخالفت کرتا تھا اور اس معاملہ میں حکومت وقت اور رضاکاروں کا ہمنوا تھا۔

''نظام گزٹ'' روزنامہ نظام گزٹ تقریباً چالیس سال تک حیدرآباد کی صحافت میں ایک خاص مقام کا حامل اخبار تھا۔ یہ اخبار اپنی متانت، سنجیدگی اور رواداری کے لئے مشہور تھا۔ حبیب اللہ رشید صاحب کی ادارت میں شائع ہوتا تھا۔ نظام گزٹ نے سیاسی شعور اور قومی بیداری اجاگر کی اس کے علاوہ یہ ادبی اہمیت کا حامل بھی تھا۔ اس کے سالگرہ نمبر بھی خاص اہمیت کے حامل ہوا کرتے تھے۔ آخر کار یہ 1967ء تک جاری رہنے کے بعد بند ہو گیا۔

''رعیت'' ابتداء میں ہفتہ روزہ تھا بعد میں روزنامہ بنایا گیا۔ مسٹر ایم نرسنگ راؤ کی ادارت میں شائع ہوتا رہا۔ رعیت ریاست حیدرآباد کو انڈین یونین میں ضم کرنے کی حمایت میں تھا۔ قومی تحریک اور جمہوری رجحانات کو آگے بڑھانے کی کوشش کرتا رہا۔ آخر میں شاہی عتاب کی وجہ سے بند ہو گیا۔ اردو صحافت کی تاریخ میں مندرجہ بالا تمام روزنامے کسی نہ کسی امتیازی خصوصیت کے حامل رہے ہیں لیکن ان میں ''پیام'' جس کے موسس قاضی عبدالغفار تھے جو ایک قوم پرست مسلمان تھے اور جن کی سیاسی پالیسی اعتدال پسندانہ، متین اور سنجیدہ نوعیت کی تھی۔ اس اعتبار سے یہ روزنامہ نہایت باوقار تھا جس میں ہندوستانی اور بین الاقوامی مسائل پر اداریئے لکھے جاتے تھے۔ اس کے قلمی معاونین میں مخدوم، میر حسن، سبط حسین، شاہد صدیقی، احسن علی مرزا، اختر حسن جیسی شخصیتیں شامل تھی۔ اپنے آخری دور میں اختر حسن صاحب کی ادارت میں شائع ہوا کرتا تھا لیکن مالی مشکلات کی وجہ سے بند ہو گیا۔

آزادی سے قبل اور آزادی کے دوران حیدرآباد سے نکلنے والے روزناموں کی ایک خصوصیت قابل لحاظ یہ ہے کہ ان کی زبان شمالی ہند کے نکلنے والے سرسید احمد خاں کے اخبار ''تہذیب الاخلاق'' سے بھی زیادہ سہل اور عام فہم تھی۔ اس اعتبار سے حیدرآباد کو اردو صحافت اور اردو ادب کی تاریخ میں بھی ایک خاص اہمیت حاصل ہے زبان و بیان کی سادگی و سلاست روی اس کا ایک خاص لب و لہجہ قائم رکھتے ہوئے اور صحافتی قدروں کی پاسداری

جو حیدرآباد میں صحافتی دنیا کو بلند مقام عطا کرتی ہے۔ روزناموں کی دنیا چونکہ سیاسی اور اقتصادی پس منظر فراہم کرتی ہے اس مقصد کے تحت روزناموں کے بارے میں مقالے کے اوراق میں کس قدر تفصیل سے جائزہ لیا گیا ہے تاکہ ادبی رسالوں کے قلمی معاونین کے ذہنی رجحانات ان کے احساسات وارتسامات کا بھی اندازہ ہو سکے کیونکہ کوئی ادیب بھی چاہے وہ بسیط کتابوں کا مصنف ہی کیوں نہ ہو یا چند ایک مضامین کا مضمون نگار کسی طرح بھی اپنے عصر کی حیثیت سے بیگانہ نہیں رہ سکتا۔

<u>صحافتی رول:۔</u> حیدرآباد کی سیاسی سماجی، معاشی ادبی تہذیبی زندگی کے لیل ونہار کے مطالعہ کے لئے اس وقت کے روزنامے اور جرائد کا مطالعہ ناگزیر ہو جاتا ہے اس طرح انضمام حیدرآباد کے لئے اس وقت کی صحافت نے بھی نمایاں حصہ ادا کیا ہے۔ جناب طیب انصاری اپنے مضمون ''حیدرآباد میں اردو صحافت'' میں لکھتے ہیں ''حیدرآباد کے اردو اخباروں کا کام صرف یہی نہیں تھا کہ جگہ جگہ کی مختلف قسم کی خبریں شائع کر کے عوام کی دلچسپی اور ان کے معلومات میں اضافہ کیا جائے بلکہ ان میں اصلاح حال کا شعور پیدا کیا جائے اور ان کے فکر و رائے کی صحیح سمت میں رہنمائی کی جائے تاکہ ملک وقوم کے مسائل حل کرنے میں رائے عامہ کی تعمیر وتشکیل میں مدد ملے ان ہی اخباروں کی بدولت گھر گھر علم و دانش کے چراغ روشن ہوئے شعر و ادب کی محفلیں آراستہ کی گئی اور جب ابتلاؤ ومصائب کے طوفان آئے تو ڈگمگاتے قوموں کے لئے نئی زمینیں ہموار کی گئیں اس زمانے کے جرائد و اخبار کہنے کو تو خبرنامے تھے لیکن خبروں کی فراہمی اور اشاعت کچھ اس طرح سے ہوتی کہ حکومت بھی چونک پڑتی (حیدرآباد میں اردو صحافت۔ص ۱۱)

دراصل کسی ملک یا قوم کی سیاسی اور تہذیبی و معاشی سطح کو ناپنے کا ایک قابل اعتماد پیمانہ یہ ہوتا ہے کہ اس کی صحافت پر نظر ڈالی جائے کیونکہ عصر حاضر میں صحافت ایک ایسا آئینہ ہے جس میں کسی ملک یا قوم کا بھرپور عکس نظر آتا ہے صحافت کے ذریعہ ہی سے شعراء کے دیوانوں کی خواب کی تعبیر ہوتی رہی۔ سماجی اصلاح کی تحریک کی ترجمانی بھی صحافت کے ذریعہ ہوتی رہی۔ جناب امداد صابری نے صحافتی رول پر روشنی ڈالتے ہوئے کہا ہے کہ اخبارات ورسائل ملک اور قوم کے روزآنہ کی حرکات وسکنات اور ہر قسم کے واقعات وحالات سے لبریز رہتے ہیں

اور اپنی عہد کی ایک مستند و جامع تاریخ کی حیثیت رکھتے ہیں۔ (تاریخ صحافت اردو جلد ۴ صفحہ ٦٧)

بقول امن لکھنوی اردو اخبارات و رسائل اور صحافیوں کا جنہوں نے ملک اور قوم کے کردار بنائے ہیں اور اردو کو ترقی دینے اور شعراء کو روشناس کرانے میں جو کام کیا ہے ان کو بھولنا بھلانا تاریخ ادب اردو میں ذکر نہ کرنا ستم ظرفی ہے۔ (تاریخ صحافت اردو صفحہ ۷۷)

جناب عابد صدیقی صاحب نے اپنے مضمون ''ادب اور صحافت'' میں صحافتی رول پر روشنی ڈالتے ہوئے کہا ہے کہ ''اردو میں ایسے کئی اخبارات ہیں جنہوں نے نہ صرف اس دور کی ترجمانی کی ہے بلکہ ادب کی بھی قابل لحاظ خدمت کی ہے ان اخبارات میں شائع ہونے والے مضامین نے ہر موڑ پر شعر و ادب کی رہنمائی کی ہے اور اردو زبان و ادب میں نئے رجحانات پیدا کئے۔ اودھ پنچ۔ تہذیب الاخلاق، زمیندار، نگار، الہلال و البلاغ، پیام اور اسی طرح کے متعدد اخبارات و رسائل نے صحافتی و ادبی دونوں حیثیتوں سے زبان و ادب کی نمایاں خدمات انجام دی ہیں۔ (ادب اور صحافت۔ ص ۱۷)

حیدرآباد کے ادبی رسالوں کی مختصر تاریخ

قطب شاہی دور میں ہر اس کتاب کو جو مذہبی ،فقہہ تصوف کے مسائل پر مبنی ہوتے تھے ان کو رسالہ کہا جاتا تھا مگر دراصل وہ کتابچہ کی شکل میں ہوتے تھے اور اس کی اہمیت تاریخی یا مذہبی ہوا کرتی تھی۔ موجودہ دور میں یعنی عہد آصفی کے اولین دور میں چند رسائل کے نام ضرور ملتے ہیں جو چھاپہ خانہ کے ایجاد کے بعد شائع کئے گئے۔ آخر کار 1826ء میں انگریزی کتابوں کی اشاعت اور انگریزی سے اردو میں ترجمہ کا کام شروع کیا گیا ان ہی کتابوں کو رسالہ کہا گیا۔ بہرحال یہ کتابیں ہی تھیں رسائل نہیں لیکن ان کتابوں کی اشاعت سے حیدرآباد میں رسائل کے اجراء کے لئے ماحول سازگار بنا اور 1826ء کے کچھ ہی عرصہ بعد 1859ء میں حیدرآباد سے رسائل کی اشاعت عمل میں آنے لگی۔ اسطرح سے حیدرآباد کے پہلے رسالے کے بارے میں مختلف ادبی وصحافتی محققین اس کی اشاعت کی تاریخ مختلف بتلائی ہے۔

مانک راؤ وٹھل راؤ کے مطابق ''حیدرآباد میں سب سے پہلے جو رسالہ جاری ہوا وہ رسالہ طبابت ہے جس کا جلد نمبر (۸) شمارہ (۲) ہے اس رسالے کے مہتمم جارج اسمتھ صاحب تھے اور اردو میں مضامین لکھے جاتے تھے جس میں طب یونانی اور ڈاکٹری دونوں قسم کے مضامین مقابلتاً اور انفراداً انفرداً حکماء اور ڈاکٹر لکھا کرتے تھے۔ اس میں اس وقت کے مدرسہ طبیہ کی جو ڈاکٹری اصول پر قائم تھا۔ رپورٹس اور نتائج بھی درج ہوا کرتے تھے اس مدرسے کے پاس شدہ طلباء کو وازیڈنٹ بہادر سند عطا فرمایا کرتے تھے۔ چنانچہ ۳/ شعبان ۱۲۷۷ھ کو جو رپورٹ اس میں درج ہے اس میں ۷/ شخص پاس ہوئے ہیں یہ رسالہ ۲۷/ صفحات پر سرمئی فل اسکیپ کی تختی پر نکلتا تھا۔ (حیدرآباد کے ادیب ص ۳۷۴)

ڈاکٹر افضل الدین اقبال اپنی کتاب میں لکھتے ہیں کہ ''حیدرآباد دکن میں اردو صحافت کی ابتداء ایک طبی سہ ماہی رسالہ طبابت سے ہوتی ہے اسے حکومت حیدرآباد کے میڈیکل کالج کے مہتمم جارج اسمتھ نے 1275ھ 1858ء میں جاری کیا اس رسالہ میں مریضوں پر عمل جراحی کرنے اور ان کے صحت یاب ہونے کی رپورٹ اور مفید طبی معلومات شائع ہوتی تھیں رسالہ طبابت کی اجرائی کے بعد علمی ادبی اور معاشرتی رسائل و جرائد کا ایک طویل سلسلہ شروع ہو گیا۔ (جنوبی ہند کی اردو صحافت ص ۳۷)

اس طرح سے حیدرآباد میں رسالوں کی ابتداء ایک طبی وسائنسی رسالے سے ہوتی ہے۔ جناب محمد انور الدین نے اپنے پی ایچ ڈی کے مقالے میں رسالہ طبابت کی تاریخ اشاعت ماہ نومبر 1855ء کو قرار دیا ہے۔ (حیدرآباد کے علمی وادبی رسالہ تنقیدی جائزہ ص ۲۰۱) حیدرآباد میں 1855ء سے 1947ء کا دور ادبی رسائل و علمی رسائل کے لئے خوشگوار رہا ہے۔ اس دور میں کئی معیاری اور علمی وادبی رسائل نے جنم لیا اور یہ دور تاریخ صحافت وادب میں سنہرے حرفوں سے لکھا جائے گا۔

مراۃ القوانین :۔ حیدرآباد کا پہلا رسالہ طبابت کے بعد جو دوسرا رسالہ جاری ہوا وہ قانون سے متعلق تھا۔ 1866ء میں مہدی علی نے مراۃ القوانین جاری کیا۔ جس میں قانونی نکات اور نظائر پیش کئے جاتے تھے۔ اپنی افادیت کے پیش نظر یہ رسالہ وکلاء اور قانون پیشہ طبقہ میں مشہور ومقبول رہا ہے۔ اس میں ہر ماہ قانون سے متعلق مضامین بھی شامل ہوا کرتے تھے۔

ترجمان :۔ یہ ماہ نامہ ماہ ربیع الاول مبارک 1344ھ میں شائع ہوا۔ اس کے مرتب کار ابوالمکارم محمد انواراللہ تھے۔ یہ حیدرآباد دکن کا علمی ماہوار رسالہ تھا۔

مسلم :۔ بچوں کا ماہ وار رسالہ تھا۔ محمد صدیق جمال صدیقی اس کے مدیر تھے۔ اس کا پہلا شمارہ ماہ محرم الحرام 1366ء ہجری کو شائع ہوا۔ بچوں کی ذہنی آبیاری واخلاقی تربیت میں اس کا خاص رول رہا۔

تہذیب :۔ محمد محبوب جنیدی کی ادارت میں 1366 ہجری میں شائع ہوا۔ مصور سہ ماہی تھا۔ اسکے قلمی معاونین میں ڈاکٹر یوسف حسین خاں، قدسی حیدرآبادی، نصیرالدین ہاشمی وغیرہ شامل تھے۔

پیام ادب :۔ سید عبدالوہاب مدیر وزیر نگرانی فصیح انصاری مینجنگ ڈائرکٹر چوہدری اقبال سلیم گاہندری ناشر ادارہ اشاعت اردو مطبوعہ اعظم اسٹیم پریس سے ماہ ستمبر 1943ء میں شائع ہوا۔ اسکے قلمی معاونین میں ڈاکٹر اختر حسین رائے پوری، ماہر انصاری، احمد ندیم قاسمی، فیض، محمد احسن الاعظمی، ساغر نظامی، شعری بھوپالی، علی امام بلگرامی اور ڈاکٹر سید سجاد شامل تھے۔

مخزن الفوائد :۔ 1870ء میں متین کرتان کے نام حاجی کرتان کا ہفتہ وار اور 1866ء میں مہدی علی

نے مراۃ القوانین کے نام سے قانونی ماہ نامہ جاری کیا تھا۔ البتہ یہ صحیح ہے کہ ''متین کرتان'' ہفتہ وار اخبار کہلاتا تھا اور رسالہ طبی اور ''مراۃ القوانین'' دو ایسے رسالے تھے جن کا تعلق طبابت اور قانون سے تھا چوں کہ ''مخزن الفوائد '' ادبی اور معلوماتی رسالہ تھا۔ اس لئے ان معنوں میں یہ پہلا رسالہ ہے اور ''مخزن الفوائد'' کی اجراء سے حیدرآباد کے رسائل کی تاریخ میں ایک نئے دور کا آغاز ہوا۔ اس کو مولوی سید حسین بلگرامی نواب عمادالملک نے ۱۲۹۱ھ ۱۸۷۵ء میں جاری کیا تھا۔ علمی ادبی اور معلوماتی اعتبار سے مفید تھا۔ اس میں تاریخ، فلسفہ سائنس، ادب و اخلاق کے مضامین شائع ہوتے تھے۔

معلم شفیق:۔ یہ ماہ محرم ۱۲۹۵ھ جنوری ۱۸۷۸ء سے شائع ہونا شروع ہونے والا ہفتہ وار اخبار تھا۔ زیر ادارت مولوی محبّ حسین ۲۸ رصفحات پر زبان اردو میں شائع ہونا شروع ہوا علوم وفنون قدیم وجدید کے متعلق حسب ذیل مضامین شائع ہوا کرتے تھے۔ ریاضیات، طبعیات، الہیات، تجارت، اخلاق، طب، تاریخ، جغرافیہ، ادب، کیمیاء نباتات، معدن وغیرہ یہ چند ماہ تک ہفتہ واری رہا اس کے بعد ماہنامہ ہوا اور ماہ رجب ۱۳۰۲ھ سے رسالہ مذکورہ شائع ہونا موقوف ہوا۔

رسالہ ادیب:۔ رسالہ طبابت اور مخزن الفوائد کے بعد جرائد کی اشاعت کا سلسلہ چل پڑا اور یہ رسائل عوام میں مقبول بھی ہوئے ان کی اجراء کی وجہ سے اخبار بینی کا شوق بھی عام لوگوں میں پیدا ہوا۔ چنانچہ ۱۸۸۲ء میں انجمن اخوان الفصات حیدرآباد کے زیر اہتمام میر کاظم علی غازی نے ایک رسالہ ''ادیب'' جاری کیا یہ رسالہ ۳۴ رصفحات پر مشتمل ہوا کرتا تھا اور تقریباً اس کے آٹھ شمارے شائع ہوئے اس طرح گویا اسی سال اس کی اشاعت بند ہوگئی۔ دوسری بار ۱۹۰۸ء میں خورشید علی نے ''ادیب'' کو جاری کیا اور اس رسالے سے اردو کے ممتاز رباعی گو شاعر امجد حسین امجد بھی وابستہ ہوگئے۔

رسالہ حسن:۔ ادبی رسائل میں معیار کو پیش کرنے والا یہ رسالہ حسن بن عبداللہ نواب عماد نواز جنگ کی زیر ادارت تقریباً نو سال تک شائع ہوتا رہا اس کے لکھنے والوں میں حیدرآباد کے علاوہ شمالی ہند کے بڑے ادیب اور شاعر بھی شامل تھے۔ اس رسالے میں علم اللسان، تاریخ، مذہب، سائنس اور سیاست سے متعلق فکر انگیز

مضامین شامل ہوا کرتے تھے۔ یہ رسالہ اگست ۱۸۸۸ء میں جاری ہوا اور تقریباً نو سال تک اردو زبان و ادب کی ٹھوس خدمات انجام دیتا رہا۔ اس رسالے کی ایک خصوصیت یہ بھی تھی کہ ہر ماہ سب سے اچھے مضمون نگار کو ایک اشرفی بطور نذر دی جاتی تھی اس میں سوانح سفرنامے فلسفہ پر مبنی مضامین شائع ہوتے رہے۔

معلم نسواں:۔ محبّ حسین نے ''معلم نسواں'' سے قبل ۱۸۸۲ء میں ''معلم شفق'' جاری کیا تھا۔ بعد میں اس ماہ نامہ کا نام بدل کر ۱۸۹۲ء میں ''معلم نسواں'' رکھا گیا۔ ''معلم نسواں'' میں پردہ، عورتوں کی تعلیم، لباس اور اسلام میں عورتوں کا مقام سے متعلق مضامین شائع ہوا کرتے تھے۔ عورتوں کی تعلیم پردہ سے متعلق مضامین میں اعتدال کا فقدان تھا۔ جس کی وجہ سے عوام میں شورش پیدا ہوئی اس لئے حب الحکم سرکار نے ماہ ذیقعدہ ۱۳۱۸ھ میں چند ماہ کیلئے معطل کیا اس کے بعد اس کے ایڈیٹر نے خود شائع کرنا موقوف کر دیا۔ یہ جملہ ۶۴ صفحات پر مشتمل تھا۔

ملک وملت:۔ ۲ ؍شعبان ۱۳۱۳ھ ۱۸۹۴ء سے ہر ہفتہ شائع ہوا کرتا تھا۔ ملک وملت کے مالک قاضی رفیع الدین اور ایڈیٹر سعید احمد ناطق لکھنوی تھے۔ تقریباً چار پانچ سال تک یہ رسالہ جاری رہا اور ملک وملت کی ادبی ودینی خدمات انجام دیتا رہا اس رسالہ کو سرکاری امداد بھی حاصل تھی۔

دلگداز:۔ حیدرآباد آنے سے قبل ۱۸۹۰ء میں عبدالحلیم شرر نے لکھنو سے ایک ہفتہ روزہ ''مہذب'' جاری کیا تھا۔ جو اپنے معیار اور اعلیٰ ذوق کی وجہ سے بے حد مقبول تھا۔ جس زمانے میں مہذب جاری ہوا۔ برعظیم کی سیاست میں خاص ہلچل موجود تھی۔ اصلاح معاشرہ کی مختلف تحریکیں چل رہی تھیں۔ سرسید احمد خان مولانا الطاف حسین حالی شبلی نعمانی اور ڈپٹی نذیر احمد کی رہنمائی میں اردو ادب میں انقلاب رونما ہو رہا تھا۔ عبدالحلیم شرر ان تبدیلیوں سے واقف تھے اس لئے انہوں نے ''مہذب'' کو ان ہی تین اصولوں کے تابع کرلیا۔ ''سیاست، سوسائٹی اور لٹریچر'' اور اپنی اسی پالیسی کی وجہ سے بہت جلد مہذب ومقبول ہوگیا۔ جب عبدالحلیم شرر حیدرآباد آئے تو ''مہذب'' کا یہ تجربہ ان کے ساتھ تھا۔ انہوں نے ۱۸۹۶ء میں دلگداز جاری کیا۔ عبدالحلیم شرر نے اس رسالہ کو معنوی اعتبار سے بھی دلگداز بنادیا تھا۔ مفید الاسلام پریس سے چھپ کر باغ محی الدین بادشاہ محلّہ ترپ بازار حیدرآباد سے شائع ہوتا تھا۔

پیام محبوب:۔ ماہ محرم ۱۳۱۵ھ سے زیرادارت مولوی غلام حسین آزاد شائع ہونا شروع ہوا۔ اس میں غزلیات، متفرق مضامین اور ناول کا حصہ رہتا تھا۔ ماہ ربیع الاول ۱۳۱۷ھ میں یہ رسالہ بند ہوگیا لیکن ۱۳۲۳ھ سے یہ رسالہ دوبارہ شائع ہونا شروع ہوا اور دوبارہ ماہ ذیقعدہ ۱۳۲۵ھ سے اس کی اشاعت موقوف ہوگئی۔

شمس الکلام:۔ یہ ماہ نامہ ربیع الاول ۱۳۱۵ھ سے زیرادارت مولوی سلمان مہدی خاں منتظم دفتر پیشی نواب لطف الدین خاں بہادر شائع ہونا شروع ہوا۔ اس میں صرف غزلیات ہوا کرتی تھیں۔ ۱۳۱۷ھ میں بند ہوا اس رسالہ کی خصوصیت یہ تھی کہ یہ مفت تقسیم ہوتا تھا اس قسم کی مثال تاریخ صحافت اردو میں منفرد ہے۔

عزیز الاخبار:۔ عزیز جنگ ولا اپنے وقت کے ممتاز شاعر اور صاحب قلم ادیب تھے ان کی ہمہ دانی نے ان کو شہرت کے عروج پر پہنچایا نثر اور نظم میں ید طولیٰ رکھتے تھے۔ چنانچہ ان کی ان ہی گونا گوں خصوصیات کی جھلک ان کے اخبار ''عزیز الاخبار'' اور ''تکمیل الاحکام'' میں ہمیں نظر آتی ہے۔ ۱۹۰۰ء میں یہ ہفتہ واری صورت میں جاری ہوا اور بہت جلد اپنی خصوصیات اور جدت پسندی کی وجہ سے عوام میں مقبول ہوا۔ یہ ہفتہ وار عزیز باغ واقع سلطان پورہ سے ان ہی کے مطبع عزیز المطباع میں چھپ کر شائع ہوتا تھا۔

جلوہ محبوب:۔ ۴؍ربیع الثانی ۱۳۱۴ھ کو بتقریب سالگرہ مبارک اعلیٰ حضرت قدر قدرت زیرادارت مولوی غلام صمدانی گوہر ہر مہینے شائع ہونا شروع ہوا اس میں ناول، سوانح عمری، تاریخی حالات علمی مضامین اور چند صفحات نظم کے لئے ہوتے تھے۔ پانچ سال جاری رہا اور ماہ ربیع الاول ۱۳۲۱ھ سے شائع ہونا موقوف ہوا۔

محبوب الکلام:۔ ۱۳۱۶ھ میں زیرادارت فصاحت جنگ جلیل ''محبوب الکلام'' ماہانہ جاری ہوا اس رسالے میں حضور نظام، مہاراجہ کشن پرشاد شاد اور دیگر شعراء کا کلام شائع ہوا کرتا تھا۔

نسیم دکن:۔ ۱۳۱۹ھ جنوری 1902ء سے زیر اہتمام مولوی محمد نادر علی برتر مہتمم شائع ہونا شروع ہوا۔ اس میں مضامین، غزلیات اور ناول بالاقساط شائع ہوا کرتے تھے۔ یہ امانت پریس میں چھپ کر انجمن محبوبیہ شاہ علی بنڈہ سے جاری ہوتا تھا۔ چند سال جاری ہونے کے بعد موقوف ہوگیا۔

اتالیق:۔ عبدالرب کوکبؔ نے بچوں کے لئے ۱۹۰۸ء میں ایک بچوں کا رسالہ اتالیق جاری کیا اس

میں بچوں کی تعلیم وتربیت کے لئے مفید مضامین ہوا کرتے تھے۔اخلاقی اوراصلاحی ومعلوماتی مضامین کی وجہ سے اتالیق بچوں اور بڑوں میں یکساں طور پر مقبول رہا۔اس کی وجہ سے حیدرآباد میں بچوں کے رسائل کی ابتداء ہوئی۔

رسالہ تاج:۔ رسالہ تاج کا پہلا شمارہ خورداد ۱۳۳۳ھ ۱۹۱۴ء میں منظر عام پر آیا۔۱۹۱۴ء میں موقوف ہوگیا۔دوبارہ ۱۹۲۳ء میں جاری ہوا۔اس دور میں اس میں ادبی مضامین شائع ہوتے تھے۔اس کے مدیر غلام محمد انصاری وفا اور رفیق مدیر رگھوناتھ راؤ درد تھے۔اوراسکے قلمی معاونین میں محمد عبدالرزاق صاحب بسمل اور وفا شامل تھے۔ بزم تاج کے عنوان سے اداریے لکھے جاتے رہے۔

رسالہ رفیق دکن:۔ یہ مولوی محمد عزیز الدین مدرس اول فارسی مدرسہ انگریزی سرکار اعلی ومنتظم انجمن مستفیدان علوم وفنون 22/اگست 1884ءکوشائع ہوا۔ادبی وعلمی رسالہ تھا۔

رسالہ افادہ:۔ مطبع اختر دکن افضل گنج سے چھپ کر مرزا نظام شاہ لبیب کی زیرادارت محبوب پورہ سے ہر ماہ شائع ہوا کرتا تھا اس میں اخلاقی علمی اور ادبی مضامین، بچوں اور خواتین کیلئے بھی خصوصیت سے شائع ہوا کرتے تھے۔۱۹۱۴ء میں رسالہ افادہ جاری ہوا۔اس نے انجمن ترقی اردو کی تائید میں مستقل اداریئے اور مضامین لکھے۔

رسالہ زخیرہ:۔ ذخیرہ کی اشاعت ہوش بلگرامی کی ادارت میں ۱۹۱۵ء میں عمل میں آئی۔۱۹۱۸ء میں اس کی اشاعت موقوف ہوگئی۔ذخیرہ حیدرآباد کے ان چند گنے چنے رسائل میں سے ہے جس کے معیار نے ادب کو اونچا کیا۔اور جدید اصناف نثر اور نئے موضوعات پر ادیبوں کی توجہ مبذول کرائی اس کے لکھنے والوں میں عماد الملک کے علاوہ اعجاز لکھنوی، سید حسن بلگرامی، سید علی اصغر بلگرامی، درد حیدرآبادی، مہاراجہ کشن پرشاد شاؔد، نظم طباطبائی، اظہر دہلوی، عشرت لکھنوی، خواجہ حسن نظامی، پریم چند اور عبدالماجد قابل ذکر ہیں۔

عشرۃ الادب:۔ انجمن ثمرۃ الادب نے ۱۹۱۸ء میں جاری کیا اس کے ایڈیٹر عبدالواسع صفا تھے یہ ایک علمی اور تعلیمی رسالہ تھا۔

رسالہ النساء:۔ صغرا ہمایوں مرزا نے ۱۹۱۹ء میں النساء جاری کیا یہ ایک نسوانی رسالہ تھا جس میں زیادہ تر

خواتین کے مضامین شائع ہوتے تھے۔

ارتقاء:۔ اردو ادب کا یہ ماہنامہ رسالہ ۱۹۲۱ء سے جاری ہوا اور اپنے ادبی معیار کی وجہ سے بہت جلد حیدرآباد کے ادبی حلقوں میں شرف قبولیت حاصل کرنے میں کامیاب ہوگیا۔ اس کے لکھنے والوں میں عبداللہ المسدوسی، احمد الدین احمد، سعیدی تمکین کاظمی قابل ذکر ہیں مولوی افضل شریف صاحب کی ادارت میں شائع ہوا کرتا تھا۔

رسالہ تحفہ:۔ ''انجمن ارباب اردو'' کی جانب سے ایک ماہوار رسالہ تحفہ شائع ہوا کرتا تھا۔ اس پرچہ کے مہتمم دوارکا پرشاد نگم تھے جو اپنے وقت کے اچھے انشا پرداز اور باذوق نوجوان سمجھے جاتے تھے۔ چند مہینوں تک شائع ہونے کے بعد بند ہوگیا۔

تجلی:۔ کتب خانہ مسجد چوک کا ماہنامہ ''تجلی'' محمد سردار علی کی ادارت میں اپریل ۱۹۲۷ء میں شائع ہوا۔ تجلی ادبی اور تحقیقی نقطہ نظر سے حیدرآباد کا بلند معیار رسالہ تھا۔ اس میں مظہر علی ولا، ڈاکٹر محی الدین قادری زور، پروفیسر سید محمد وغیرہ کے تحقیقی مضامین شائع ہوتے تھے۔

حسن کار:۔ اکبر وفا قانی کی ادارت میں ماہنامہ حسن کار کی اجرائی عمل میں آئی تھی۔ حسن کار علمی اور ادبی نقطہ نظر سے بڑی اہمیت کا حامل تھا۔ اکبر وفا قانی کو ادبی رجحانات اور بدلتے ہوئے معیارات سے گہری واقفیت تھی لیکن وہ فن کو صرف حسن کاری ہی کو سمجھتے ہیں چنانچہ جلد اول کے پہلے شمارہ میں لکھتے ہیں: ''حسن کاری میں ادب شاعری موسیقی، آزادی اور تعمیر کاری داخل ہیں اس وسعت مضامین کو ہم نے موجودہ صورت میں حسن کار کے لئے قبول کرلیا تا کہ ایک طرف حسن کاری کو اردو میں لایا جاسکے۔ یہ ایک خالص ادبی پرچہ تھا جس میں افسانہ، مضامین اور تنقیدوں کے علاوہ ادبی مسائل پیش کئے جاتے رہے۔ صحافت اور طباعت پر اداریے اور مضامین شائع ہوئے ہیں۔

داستان گو:۔ ۱۹۴۱ء میں علی احمد کی ادارت میں ''داستان گو'' شائع ہوا کرتا تھا۔ داستان گو نے افسانوی ادب کی توسیع میں نمایاں کام انجام دیا ہے اس کے قلمی معاونین میں اشفاق حسین، مخدوم، عزیز الحق، وجد سروری،

سرفرازعلی شامل تھے۔پولیس ایکشن کے بعدعلی احمد پاکستان منتقل ہونے کے بعد بند ہوگیا۔

جیت:۔ اردو کے ممتاز طنز و مزاح نگار عظمت اللہ بیگ نے اگست ۱۹۴۲ء میں ایک ماہنامہ رسالہ ''جیت'' نکالا جو چار سال تک جاری رہا۔اس کے بعد ایک مزاحیہ رسالہ ''تماشا'' بھی نکالتے تھے۔جو مرزا عظمت اللہ بیگ کے انتقال کے بعد ان کے صاحبزادے صبغت اللہ بیگ کی ادارت میں شائع ہوتا رہا۔

ہماری کتابیں:۔ انجمن ترقی اردو کی جانب سے زیر ادارت سید علی شبیر حاتمی شائع ہوا کرتا تھا۔ یہ ایک معیاری رسالہ تھا۔اس میں مضامین ومقالات قابل مطالعہ کتابیں علمی استفسارات ،تبصرہ تذکرہ ،تعارف ،علم کتب خانہ وغیرہ موضوعات پر مبنی مضامین شائع ہوتے تھے۔اس کے لکھنے والوں میں مرزا فرحت اللہ بیگ ،ملا رموزی ، سید محمد ،نظر حیدر آبادی ، ناطق لکھنوی ، حبیب الرحمٰن خاں شیروانی ، احمد مکی اور نصیر الدین ہاشمی وغیرہ شامل تھے۔

رباب:۔ محمد عثمان اور حسینی شاہد کی ادارت میں رباب ۱۹۴۶ء میں جاری ہوا۔معیاری مضامین کی وجہ سے بہت جلد ادبی حلقوں میں رباب نے اپنا مقام بنالیا۔ یہ ترقی پسند ادب کا ترجمان تھا۔مختصر سے عرصہ ہی میں بند ہوگیا۔

سویرا:۔ ترقی پسند ادب کا ترجمان تھا۔فروری ۱۹۴۷ء میں زیر ادارت غوث محی الدین شائع ہوا کرتا تھا۔اس کے سرورق پر اردو کے انقلابی وکمیونسٹ شاعر مخدوم محی الدین کا مشہور ومعروف شعر لکھا ہوتا تھا۔

حیات لے کے چلو کائنات لے کے چلو ۔۔۔ چلو تو سارے زمانے کو ساتھ لے کے چلو

اس کے قلمی معاونین میں سب ہی سربرآوردہ ترقی پسند شاعر وادیب شامل تھے جن میں علی سردار جعفری ، پریم دھون ، مخدوم ، کیفی ، ل احمد ، قاضی عبد الغفار ، عابد علی خاں ، امجد یوسف زئی ، شاہد صدیقی وغیرہ شامل تھے۔چند سال کے بعد بند ہوگیا۔

رومان:۔ رومان جنوری ۱۹۴۷ء میں زیر ادارت مرتضیٰ مجتہدی شائع ہوا کرتا تھا۔اس میں ''اشارہ'' کے عنوان سے مستقل اداریئے لکھے جاتے رہے۔اس میں چونکا دینے والے اور انقلابی انداز کے مضامین شائع ہوتے تھے۔اس کے قلمی معاونین میں یوسف ناظم ،شاہد صدیقی وغیرہ شامل تھے۔اس کا عام شمارہ ۶۴ صفحات پر

مبنی ہوتا تھا۔ پولیس ایکشن کے بعد اس کی اشاعت موقوف ہوگئی۔

مینا:۔ تمکین کاظمی حیدرآباد کے مشہور انشاء پرداز تھے۔ مختلف اخباروں اور رسالوں سے وہ وابستہ رہے خود بھی ''مینا'' کے نام سے اپنا ایک ماہ نامہ اپریل ۱۹۴۷ء میں جاری کیا۔ جس میں قلقل مینا کے عنوان سے اداریہ لکھا۔ پہلے شمارہ کی اشاعت کے بعد بند ہوگیا۔ اس کے قلمی معاونین میں جہاں بانو بیگم، امتیاز علی عرشی، آمنہ بیگم، تمکین کاظمی، ظفر علی خان، الطاف مشہدی، دردکاکوروی، سروجنی نائیڈو، حسرت موہانی، افسر میرٹھی، یگانہ، جگر، ڈاکٹر مسعود حسین خان وغیرہ شامل تھے۔

رہبر تعلیم:۔ مدیر برج لال شریک مدیر پروین لیکھک کی ادارت میں اپریل 1947ء میں شائع ہوا۔ علمی ادبی وفنی رسالہ تھا۔ مطلع کے عنوان سے اداریئے لکھے جاتے رہے۔ اس کے قلمی معاونین میں محروم، منوہر سنگھ، علی اختر، جتندر کمار، فقیر، پرویز شاہدی، ونشی دھر، نوح ناروی، خواجہ یوسف الدین، نظر، محمد عبدالقیوم خاں باقی، جواگن کشوری لال پربھاکر، زاہد حسین پروین شامل تھے۔

نوائے ادب:۔ یہ ماہنامہ علمی وادبی نوعیت کا تھا۔ یہ رسالہ شیخ محبوب قریشی مدیر اور معاون مدیر سردار علی کی ادارت میں آذر 1357 فصلی اور اکتوبر 1947ء میں شائع ہوا۔ آغاز کے عنوان سے اداریہ لکھا گیا۔ اس کے قلمی معاونین میں سردار علی، بی این ایچ، حسن عثمانی، معین الدین رہبر فاروقی، نصیرالدین ہاشمی، یوسف نواب ش، مظفرالدین شامل ہیں۔

عثمان دکن:۔ میر حسین علی خاں نور کی ادارت میں فروری 1968ء کو شائع ہوا۔ سرورق پر آصف سابع میر عثمان علی خاں کی تصویر شائع ہوتی تھی۔ ادبی رسالہ تھا۔ اس کو بھی بڑے ادیبوں وشعراء کا قلمی تعاون حاصل تھا۔

الہدیٰ:۔ ۱۹۴۷ء میں ہر پندرہ روز کے بعد شائع ہوتا تھا۔ اس کے مدیر عبدالحمید خان تھے۔ ۱۹۵۰ء میں اس رسالے سے عابد انصاری (ایڈیٹر پرچا) بھی وابستہ ہوگئے تھے۔ تین سال تک یہ رسالہ پابندی سے شائع ہوتا رہا۔ اس میں ٹھوس اور تحقیقی مقالے شائع کئے جاتے رہے۔ مولوی عبدالحمید خان صاحب کے انتقال کی وجہ سے بند ہوگیا۔ الہدیٰ نے اپنے مخصوص لب ولہجہ اور بے باک اظہار رائے کی وجہ سے حیدرآباد کے ادبی وسیاسی حلقوں

میں وقعت کی نظروں سے دیکھا جاتا تھا۔

فردوس:۔ اس رسالہ کی وقفہ اشاعت پندرہ روزہ تھی۔ اس کا پہلا شمارہ م۔ ح۔ علی کی ادارت میں یکم اپریل ۱۹۴۸ء کو شائع ہوا۔ یہ کتابی سائز ۳۲ صفحات پر باتصویر شائع ہوا کرتا تھا۔ نواب عسکری حسن جعفری پٹنہ اور رفیعہ سلطانہ کا قلمی تعاون حاصل رہا۔ یہ بھی پولیس ایکشن کے بعد بند ہوگیا۔

رباب:۔ محمد عثمان اور حسینی شاہد کی ادارت میں رباب جون ۱۹۴۶ء کو جاری ہوا۔ دیدہ زیب سرورق اور معیاری مضامین کی وجہ سے بہت جلد ادبی حلقوں میں رباب نے اپنا مقام بنالیا تھا۔ ''نقش اول'' کے عنوان سے اداریے لکھے جاتے تھے۔ ہفتہ واری نوعیت کے اس جریدہ کی ضخامت ۲۴ صفحات پر مشتمل ہوتی تھی۔ رباب نے ۱۷/اکتوبر ۱۹۴۶ء کو نیا سال نمبر شائع کیا۔ جس کا شمارہ نمبر ۲۰۔۲۱۔۲۲۔ جلد نمبر (۱) تھا۔ یہ نمبر جملہ ۲۲۴ صفحات پر مشتمل تھا۔ رباب کے مضامین کا جھکاؤ بڑی حد تک ترقی پسندی کی طرف تھا۔ مختصر سے عرصہ ہی میں یہ رسالہ بند ہوگیا۔ رباب کے قلمی معاونین میں پروفیسر عبدالقادر سروری، عاتق شاہ، جوش ملیح آبادی، سکندر علی وجد، کنول پرشاد کنول، علی سردار جعفری، مخدوم محی الدین، حسینی شاہد، محبوب حسین جگر، فکر تونسوی، جاں نثار اختر، سید احتشام حسین، سلام مچھلی شہری، بشیر النساء بیگم بشیر، تمکین سرمست، صفی اورنگ آبادی وغیرہ شامل تھے۔ نقطہ نظر کے تحت کتابوں پر تبصرے شائع کئے جاتے تھے اور ''بت کدہ'' کے عنوان سے فلمی تبصرے بھی شائع ہوا کرتے تھے۔

پرچم:۔ فصیح الدین احمد صاحب کی ادارت میں ہفتہ وار ''پرچم'' ۱۹۳۸ء میں جاری ہوا۔ ۱۹۴۸ء سے پہلے کی سیاسی انقلاب کے زمانہ میں پرچم جذباتی نقطہ نظر کا علم بردار بن گیا تھا۔ اور آزاد حیدرآباد کی تحریک کو عام کرنے کی کوشش کی۔ فصیح الدین احمد کے ساتھ جامعہ کے اکثر نوجوان وابستہ تھے۔ ابراہیم جلیس اور عبدالرزاق لاری ان میں خصوصی اہمیت رکھتے ہیں۔ اس اخبار کو پرانے اور نئے ادیبوں کا قلمی تعاون حاصل رہا۔ ابراہیم جلیس کے مضامین عام طور پر پسندیدہ نظروں سے پڑھے جاتے تھے۔ پرچم اپنے دور کی سیاسی اور ادبی زندگی میں نمایاں کردار ادا کیا ہے آخر کار پولیس ایکشن کے بعد اس کی اشاعت موقوف ہوگئی۔

مملکت:۔ میر حسن الدین نے ۱۹۴۰ء میں ''مملکت'' کے نام سے ہفتہ وار رسالہ جاری کیا تھا۔ جو دس

سال تک مسلسل جاری رہا۔ یہ موضوعات کے اعتبار سے ایک سیاسی رسالہ تھا۔ جس میں سنجیدہ مسائل پر بحثیں ہوتیں۔ فلسفیانہ مضامین بھی شائع ہوا کرتے تھے۔ مملکت پیام کا ہم عصر تھا اور رقیب بھی دونوں میں کافی نوک جھونک ہوا کرتی تھی۔ مملکت اپنے ''نمک پارے'' کی وجہ سے بھی مشہور تھا۔ طنز و مزاح کے یہ کالم حسن الدین صاحب ہی کے قلم کے رہین منت تھے۔ مملکت میں اقبال کے توسیع لکچرز کا ترجمہ بھی شائع ہوتا تھا۔ ان لکچرز کا ترجمہ حسن الدین صاحب ہی کرتے تھے۔

آزادی کے بعد حیدرآباد کے ادبی رسائل کا تعارف

﴿ہفتہ وار اور پندرہ روزہ ادبی جرائد﴾

حیدرآباد میں آزادی سے قبل ہم کو اردو صحافت میں واضح ادبی معیار و اعتبار نظر آتا ہے لیکن بعد کے دور میں مختلف داخلی و خارجی ادبی تحریکوں کے پیش نظر اور پھر اردو زبان کی ناسپردگی کے حالات میں ان پرانی اقدار اور معیار کو صدمہ پہنچا اسے بہر حال نظر انداز نہیں کیا جاسکتا۔ اس کا یہ مطلب نہیں ہے کہ موجودہ دور میں ہمارا اردو ادب اور اردو کے ادبی رسائل اور جرائد عام طور پر کم مایہ اور تہی دامن ہو گئے ہیں آج بھی کچھ گوشوں سے ایسے ادبی رسائل نکلتے ہیں۔ جو زندگی کی نئی بشارتوں اور ادب کی نئی قدروں سے معمور ہیں لیکن ان کی تعداد بہت کم ہے اور ادبی مسلک و میلان کے رسائل و جرائد کا حلقہ بہت محدود ہے۔ آگے کے صفحات پر حیدرآباد کے انضمام کے بعد جاری ہونے والے ہفتہ واری ، ماہ نامے اور سہ ماہی رسائل کا ایک تعارف شامل کیا گیا ہے۔ ان کے علاوہ حیدرآباد سے شائع ہونے والے روزناموں میں بھی ادبی مضامین غزلیں نظمیں شائع ہوتی رہیں ہیں۔ اس لئے انکا ذکر یہاں پر ناگزیر ہو گیا ہے ان میں ''سیاست'' ''رہنمائے دکن'' ''ملاپ'' ''عوام'' ''منصف'' خاص طور پر قابل ذکر ہیں اور انگارہ، مشیر دکن، حق بات، نوید دکن، خون ناب وغیرہ میں اکثر غزلیں نظمیں شائع ہوتی رہیں۔

رہنمائے دکن:۔ 1948ء میں ریاست حیدرآباد کی سیاسی تبدیلی کے دور رس اثرات ہر شعبہ زندگی میں نمایاں ہو رہے تھے۔ ہر طرف دہشت و مایوسی کا عالم طاری تھا۔ رہبر دکن کی موقوفی کے بعد 2/جولائی 1949ء کو جناب حسن انصاری کی ادارت میں ''رہنمائے دکن'' جاری ہوا۔ اس کی ابتداء میں مجلس ادارت کے اراکین میں جانب سید محمود وحید الدین کے علاوہ شفیع الدین ناکارہ حیدرآبادی، شبلی یزدانی، عبدالقادری جیلانی اور حبیب محسن شریک تھے۔ آگے چل کر نور المصطفیٰ سید محمد علی ، یوسف الدین ، عبدالحق ، ظفر عالمگیر وغیرہ شریک ادارت ہوئے۔ چندر سریواستو، عابد صدیقی اور ڈاکٹر سلیمان اطہر جاوید بھی ادارہ رہنمائے دکن سے وابستہ رہے ۔ اس کے ''رفتار سیاست'' کا صفحہ غیر معمولی اہمیت کا حامل ہوتا ہے جس میں بین الاقوامی اور ملک کی سیاست کا تجزیہ پیش کیا جاتا ہے۔ اس کے اداریے مذہبی موضوعات پر بڑے فکر انگیز اور اہم ہوتے ہیں۔ اس کے علاوہ آج

کل رہنمائے دکن کا طلباء و نوجواں کا صفحہ کافی مقبول ہوتا جارہا ہے۔ جس میں نوجواں طلباء و طالبات کی تخلیقات کو شائع کیا جاتا ہے۔ اور یہ صفحہ ہفتہ میں ایک بار شائع ہوتا ہے اور نوجواں نسل میں بے حد مقبول ہوتا جارہا ہے۔ عیدین، جشن آزادی اور یوم جمہوریہ کے موقع پر خصوصی اشاعتیں بھی مقبول عام ہوتی ہیں۔ آج کل یہ سید وقار الدین کی ادارت میں شائع ہوتا ہے۔ بروز پیر اس کے ادبی ایڈیشن شائع ہوتے ہیں جس میں نثر کے علاوہ شعری نگارشات شامل ہوتی ہیں۔

عوام:۔ جناب اختر حسن جو اردو صحافت کے بزرگ و مشہور صحافی ہیں ان کی ادارت میں یکم آذر 1357ف 1952ء میں ان کے دوست محمد مہدی کی معاونت سے شائع کیا گیا۔ ابتداء میں یہ روزنامہ تھا بعد میں ہفتہ وار کی صورت میں تبدیل کردیا گیا۔ اس جریدہ کے ادارہ تحریر میں ابراہیم جلیس، شاہد صدیقی، نظر حیدرآبادی، عالم خوندمیری، رضیہ بیگم جیسے اعلیٰ ترقی پسند ادیب و مصنفین شامل تھے۔ اس میں اعلیٰ معیار کے علمی ادبی سیاسی مضامین شائع ہوا کرتے تھے اور ترقی پسند افسانہ نگاروں اور شاعروں کی تخلیقات بھی شامل جریدہ ہوتی تھیں۔ اس کے علاوہ ہر ہفتہ کے شمارہ میں مستقل عنوانات ''دنیا کی عوامی تحریکیں'' اور سیاسیات عالم کا جائزہ اور ادبی تنقیدیں فلمی تبصرے اور انجمن ترقی پسند مصنفین کے ہفتہ واری جلسوں کی روئیداد کو بھی شائع کیا جاتا تھا۔ عوام کچھ عرصہ تک جاری رہنے کے بعد اختر حسن صاحب کی سیاسی مصروفیات کی وجہ سے بند ہوگیا۔

ملاپ:۔ حیدرآباد سے ملاپ 1948ء میں جاری ہوا۔ آج کل یہ یدویر جی کی ادارت میں شائع ہوتا ہے۔ ملاپ کا ہفتہ واری ادبی ایڈیشن 14ر جولائی 1972ء سے شروع کیا گیا اور آج بھی یہ لندن سے ہفتہ میں ایک بار شائع ہوتا ہے اس میں ادبی مضامین اور منظومات شائع ہوتی ہیں۔

منصف:۔ حیدرآباد کے جواں سال صحافی جناب محمود انصاری کی ادارت میں شائع ہوتا ہے۔ یہ بے باک اور بے لوث اظہار خیال کے لئے منفرد مقام رکھتا ہے۔ روز اول سے ہی اس کے ہفتہ واری ایڈیشن ادبی ہوا کرتے ہیں۔ جس میں ملک و بیرون ملک کے بلند پایہ ادیب و شعراء کی تخلیقات شائع ہوتی ہیں۔ منصف کے قلمی معاونین میں مغنی تبسم، سلیمان اطہر جاوید اور ڈاکٹر مجاور حسین رضوی قابل ذکر ہیں۔

(آج کل روزنامہ منصف خان لطیف خان کی ادارت میں نکل رہا ہے ہر جمعرات کو منصف کا ادبی ایڈیشن فکر انگیز ہوتا ہے اس ایڈیشن کو مضطر مجاز صاحبہ ترتیب دیتے ہیں۔اسی طرح روزنامے اعتماد کا ادبی ایڈیشن قابل ذکر ہے ہر پیر کو محسن جلگانوی کی نگرانی میں اوراق ادب کے نام سے ادبی ایڈیشن شائع ہوتا ہے۔اس اخبار کے ایڈیٹر برہان الدین اویسی ہیں۔راشٹریہ سہارا عزیز برنی کی ادارت میں نکلتا ہے اس کے ادبی ایڈیشن میں ادبی تخلیقات تحقیق وتنقیدی مضامین شائع ہوتے ہیں۔)

<u>سیاست:۔</u>15 راگست 1949ء کو جناب عابد علی خان صاحب کی ادارت میں شائع ہوا اوران کے رفیق کار محبوب حسین جگر صاحب جوائنٹ ایڈیٹر تھے۔روزنامہ ''سیاست'' ہماری تہذیبی،معاشرتی،تعلیمی،سائنسی ،سیاسی اور ادبی زندگی کا آئینہ دار ہے یہ حیدرآبادی صحافت وتہذیب کی پرانی قدروں کا نقیب بھی ہے اور جدید رجحانات کا علمبردار بھی۔قاضی عبدالغفار نے ''پیام'' کے ذریعہ جن سائنٹفک اور ترقی پسندانہ رویہ سے حیدرآبادی صحافت کو روشناس کروایا تھا وہی رویہ ہمیں یہاں بھی ملتا ہے۔میانہ روی،اعتدال پسندی،غیر جانبداری،حقیقت پسندی اور ترقی پسندی صحافت کے بنیادی عناصر ہیں۔اورانہی عناصر کی بنیاد پر سیاست نے ملک گیر شہرت حاصل کی ہے۔اس میں پیر اور اتوار کے شماروں میں ادبی مضامین کو جگہ فراہم کی جاتی ہے۔جس میں ممتاز شخصیتوں کے انٹرویوز،مضامین،سمینار،سمپوزیم،رپورتاژ وغیرہ ہوتے ہیں۔اس کے علاوہ اس میں '' کلاسیکی اشعار کا کالم'' اور '' آپ کا کالم'' ادبی اعتبار سے مشہور ہوئے۔سیاست میں ادبی مضامین تنقید وتبصرہ شائع ہوتے ہیں عابد علی خان صاحب کے انتقال کے بعد سیاست جناب زاہد علی خان کی ادارت میں نکل رہا ہے۔اس کا ادبی ایڈیشن ہفتہ کے دن شائع ہوتا ہے جس میں ڈاکٹر سلیمان اطہر جاوید،محسن عثمانی،بشیر احمد،نفیسہ خان،نسیمہ تراب الحسن،پروفیسر اشرف رفیع وغیرہ شامل ہیں۔اتوار کے ایڈیشن میں جناب مجتبیٰ حسین کا کالم بلاناغہ شائع ہوتا ہے۔

ان روزناموں کے علاوہ حیدرآباد سے جاری ہونے والے ہفتہ واری وپندرہ روزہ اور ماہ ناموں کی اجمالاً تفصیل دی جارہی ہے۔ان میں زیادہ تر علمی ودینی نوعیت کے مضامین ہوتے ہیں۔''ہنگامہ'' ہفتہ واری نوعیت کا اخبار تھا اس میں ادبی صفحہ ہوا کرتا تھا اور طنزیہ انداز میں مواد پیش کیا جاتا رہا۔جناب یوسف ندیم صاحب

کی ادارت میں ''رہنمائے تلنگانہ'' شائع ہوتا ہے اس میں ادبی مضامین اور منظومات اکثر و بیشتر شائع ہوتے رہے ۔ 1983ء میں جناب ابراہیم خاں صاحب کی ادارت میں ''قومی ارتقاء'' شائع ہوتا رہا۔ اس میں اردو کے موقف و مسائل کے بارے میں مضامین شائع ہوتے ہیں۔ ''موج'' بھی ہفتہ واری نوعیت کا جریدہ تھا۔ جو 1963ء میں ساجد اعظم کی ادارت میں نکلا کرتا تھا۔ دو سال کے بعد بند ہو گیا۔ اس کی خاص خوبی یہ تھی کہ یہ رسالہ شاعروں اور ادیبوں کے بارے میں شخصی خبریں شائع کرتا تھا۔ یہ رسالہ بھی پیکر گروپ سے وابستہ تھا۔ اور پیکر کے سب ہی لکھنے والوں کا اسکو تعاون حاصل رہا۔ ''روئداد حیات'' علی بن ایاز اور عمر بن علی کی ادارت میں ہفتہ روزہ شائع ہوتا رہا۔ اس میں بھی ادبی مضامین اور منظومات شائع ہوتے رہے۔ اس نے اپنی زندگی میں خاص ادبی نمبر بھی شائع کئے۔ ''شعور'' حفیظ قیصر کی ادارت میں 1959ء میں جاری ہوا تھا۔ یہ ادبی اور تہذیبی مسلک کا حامی تھا۔ اس سے اردو کے افسانہ نگاروں کا ایک گروہ وابستہ ہو گیا تھا۔ کل بارہ شمارے نکل بھی نہ پائے تھے کہ اس کی اشاعت موقوف ہوگئی۔ ''نیا سنسار'' جو 1956ء سے 1958ء تک اکرام جاوید کے تعاون سے جاری ہوا تھا۔ اس کے ادارہ سے آعظم راہی بھی وابستہ تھے اس میں ادبی و فلمی موضوعات پر مضامین شائع ہوتے تھے۔

''آندھرا پنچ'' جو 1962ء سے شائع ہونا شروع ہوا۔ ابتداء میں اس کی ادارت کے فرائض جناب ملک محمد علی خاں انجام دیا کرتے تھے۔ بعد میں ان کی اہلیہ اس کی ادارت کے فرائض انجام دیتی رہیں اس کا ابتدائی دور ادبی اعتبار سے شاندار رہا۔ ہفتہ واری نوعیت کے باوجود آج کل یہ صرف دو صفحہ پر مشتمل ہوتا ہے۔ ''ریگل نیوز'' سید علی الدین احمد کی ادارت میں شائع ہو رہا ہے اس کے غزل نمبر کافی مشہور ہوئے اس میں سیاسی خبریں تبصرہ وغیرہ شائع ہوتے ہیں۔ یہ ہفتہ روزہ آج کل رسالہ بازار قلعہ گولکنڈہ حیدر آباد سے شائع ہوتا ہے۔ ''ساز و ادب'' غالب کلیمی کی ادارت میں 1971ء میں شائع ہونا شروع ہوا۔ یہ پندرہ روزہ رسالہ تھا۔ اس میں بھی ادبی موضوعات پر مبنی مضامین منظومات اکثر و بیشتر شائع ہوتی رہیں۔ ''دوشیزہ'' بھی ادبی مسلک کا حامی تھا۔ جو جیلانی بانو کی ادارت میں شائع ہوتا رہا اس کے صرف دو شمارہ بطور ڈیکلریشن شائع ہوئے۔ بعد میں بند کر دیا گیا۔ علامہ حیرت بدایونی کی ادارت میں ''آئینہ'' ماہ نامہ جاری ہوا تھا۔ لیکن یہ بھی جلد بند ہو گیا۔ چند شمارے شائع ہو سکے۔

ان کے علاوہ کچھ دینی اور علمی نوعیت کے رسائل و جرائد میں بھی ادبی مضامین ومنظومات جگہ پاتے رہے ان میں (محبّ وطن، پیرزادہ صابری قادری 1971ء) ''نورحیات'' (محمد قادر خاں معین الدین شیخ امام 1961ء)انجمن مہدویہ چنچل گوڑہ کی جانب سے شائع کیا جاتا ہے۔ ترانہ ہندی انصاری 1965ء فلک نما سے شائع ہوتا ہے۔ مبصر ایچ ای ایچ نظام اردو ٹرسٹ حمایت نگر سے شائع ہوتا ہے اس میں ادبی مضامین ومنظومات کو زیادہ ترجیح دی جاتی ہے۔

''آئینہ خیال'' جو 1972ء میں بشر احمد میر واصف علی کی ادارت میں شائع ہونا شروع ہوا۔ اس میں بھی ادبی مضامین اکثر و بیشتر شائع ہوتے رہے۔ ''آشیان دکن'' میں بھی ادبی مضامین شائع ہوتے رہے۔ ''چراغ منزل'' آمینہ جیلانی کی ادارت میں 1970ء سے شائع ہوتا رہا اور ''دولت دکن'' احمد مکی کی ادارت میں 1964ء سے شائع ہونا شروع ہوا۔ لیکن چند ہی ماہ بعد بند ہوگیا۔ ''فردوس'' 1971ء سے قمر کلثوم کی ادارت میں شائع ہونا شروع ہوا لیکن بعد میں اس کو بند کر دینا پڑا۔ اور ''تبسم'' کے نام سے ان کے شوہر سجاد رضوی نے جاری کیا تھا۔ اس ماہنامہ میں ادبی اور فلمی موضوعات پر مبنی مضامین شائع ہوتے رہے۔ ''تبسم'' سے قمر کلثوم بھی کچھ عرصہ کیلئے وابستہ تھیں۔ تین چار سال تک جاری رہنے کے بعد بند ہوگیا۔ ''پروانہ دکن'' شفیع اقبال 1971ء سنگراش سکینہ 1966ء تقدیر دکن 1964ء ارمان کامل، ترقی اردو جو 1967ء میں حسینی شاہد کی ادارت میں پندرہ روزہ شائع ہوا کرتا تھا۔ اس میں بھی ادبی مضامین اور نظمیں غزلیں شائع ہوتی رہیں۔ زیادہ تر اس کو ترقی پسند ادیب وصحافی کا قلمی تعاون حاصل رہا۔ چند سال تک جاری رہنے کے بعد بند ہوگیا۔

''گلنار'' ماہنامہ نوعیت کا رسالہ تھا۔ ساجد رضوی کی ادارت میں 1967ء میں جاری ہوا اس میں بھی ادبی مضامین شائع ہوتے رہے چند سال کے بعد بند ہوگیا۔ ''پھول'' پندرہ روزہ نوعیت کا رسالہ تھا اور یہ محمد علی مرزا خاں کی ادارت میں 1968ء میں شائع ہونا شروع ہوا چند سال تک جاری رہنے کے بعد بند ہوگیا۔ ''میزان ادب'' منیر احمد جلیل کی ادارت میں 1968ء میں جاری ہوا۔ اس میں ادبی مضامین تبصرے تنقیدیں شائع ہوتی رہیں۔ یہ ماہنامہ نوعیت کا رسالہ تھا۔ آج کل پابندی سے شائع نہیں ہو رہا ہے۔ ''جنگ'' ابتداء میں روزنامے

نوعیت کا ہوا کرتا تھا۔ یہ ابتداء میں کریم صاحب کی ادارت میں شائع ہوتا رہا۔ بعد میں اس کی ادارت کے فرائض مرتضٰی مجتہدی نے انجام دی۔ 1969ء سے یہ ہفتہ واری نوعیت میں تبدیل ہوگیا۔ آج بھی جاری ہے۔

''نغمہ حیات'' 1965ء سے انور کمال خوندمیری کی ادارت میں پندرہ روزہ شائع ہوتا رہا۔ اس میں نظمیں غزلیں شائع ہوتی تھیں۔ چند سال تک جاری رہا۔ ''ماہ نو'' پندرہ روزہ نوعیت کا رسالہ تھا۔ قاسم عزیز عثمانی کی ادارت میں 1968ء سے شائع ہوتا رہا آج کل اس کی اشاعت موقوف ہے۔ ''البیان'' اور ''سربان'' ماہ نامہ نوعیت کے رسالے ہیں۔ 1973ء سے شائع ہوتے رہے۔ اس میں زیادہ تر دینی اور مذہبی مضامین شائع ہوتے رہے۔ ''شاہ کار'' ہفتہ روزہ نوعیت کا اخبار تھا۔ انور ہاشمی کی ادارت میں 1970ء میں جاری ہوا۔ ''اورنٹیل گریجویٹ'' لگ بھگ پندرہ سال سے نذیر احمد کی ادارت میں پرانی حویلی سے شائع ہوتا رہا اس میں ادبی مضامین ومنظومات کے علاوہ اورزبان وادب کے مسائل پر مبنی مضامین شائع ہوتے رہتے ہیں آج بھی شائع ہوتا ہے۔

مندرجہ بالا روز نامے ہفتہ روزہ اور پندرہ روزہ گو کہ ان کی نوعیت مقصد مسلک دینی مذہبی وعلمی ہوگا لیکن ان میں بھی اردو کے شعراء وادیب کی تخلیقات شاذ و نادر یا اکثر و بیشتر شائع ہوتی رہیں۔ اس لئے ان کی تفصیل کوضروری محسوس کیا گیا تھا۔ اس لئے مقالے کے اوراق پر اجمالیاً تعارف پیش کیا گیا ہے۔

نیادور:۔ اردو کے انقلابی شاعراور کمیونسٹ لیڈر جناب مخدوم محی الدین کی ادارت میں 1951ء میں جاری ہوا۔ مخدوم محی الدین نے ترقی پسند تحریک کے ذریعہ ادب میں کمیونسٹ پارٹی کی قیادت کے ذریعہ عوام میں مقبولیت حاصل کرلی تھی اور یہ مقبولیت ان کو آخر وقت تک حاصل رہی۔ نیا دور کلیم اللہ کی ادارت میں چند ماہ تک شائع ہوتا رہا اس پرچہ میں مزدوروں، کسانوں اور طلباء کی جدوجہد کی رپورٹیں قومی اور بین الاقوامی واقعات پر تبصرے، امن تحریک کے جائزے اور متمدن ممالک کی کلچرل اور ادبی مصروفیتیں شائع کی جاتی تھیں۔ نیا دور اس دور کی یاد تازہ کرتا ہے جب کہ حیدرآباد ایک وسیع آزاد سیکولر اور جمہوری ملک ہندوستان کا جز بن گیا تھا۔ اور پہلے انتخابات کی آمد آمد تھی یہ ویکلی سائز پر مشتمل جملہ ۳۲ صفحات کا ہوتا تھا۔ اس پرچہ کا گو کہ رجحان سیاسی تھا۔ لیکن اس میں مخدوم کے احباب دوست شعراء کی غزلیات نظمیں بھی شائع کی جاتی تھیں اسطرح اردو صحافت اور ادبی صحافت

کی تاریخ میں ''نیا دور'' عظمت کی علامت رہا ہے آخر کار مخدوم کے انتقال کے بعد اسکی اشاعت موقوف ہوگئی۔

ترقی اردو:۔ مئی 1967ء سے حسینی شاہد کی ادارت میں ''ترقی اردو'' کے نام سے ایک پندرہ روزہ رسالہ شائع ہورہا تھا۔ جو اردو زبان وادب سے متعلق علمی اور ادبی سرگرمیوں کا ترجمان ہے اس سے قبل حیدرآباد سے ایسا کوئی پندرہ روزہ رسالہ شائع نہیں ہوا۔ جیسے ''ہماری زبان'' یا صدق جدید'' کے مقابلے میں پیش کیا جاسکے ''ترقی اردو'' نے اس کمی کی تلافی کردی ہے آج کل اس کی اشاعت بند ہوگئی ہے۔

پرواز شاہین:۔ جامعہ عثمانیہ کے مایہ ناز سپوت پروفیسر سید محمد کے فرزند اکبر جناب سید نور محمد کی ادارت میں ''پرواز شاہین'' ہفتہ واری نوعیت میں شائع ہوتا ہے اس کا پہلا شمارہ یکم جولائی 1977ء بروز جمعہ ۱۳/رجب المرجب ۱۳۹۷ھ کو شائع ہوا۔ روز اول سے ہی جناب سید نور محمد اس کے ایڈیٹر پرنٹر پبلیشرز کے فرائض انجام دے رہے ہیں۔ بعد میں جناب امجد باغی اس پرچہ سے وابستہ ہوگئے۔ آج بھی ہفتہ واری بالتصویر اخباری سائز پر جملہ (۸) صفحات پر شائع ہوتا ہے۔ اس پرچہ میں جناب رضی الدین نے ''زاویے'' کے عنوان کے تحت سلسلہ وار احمد جلیس، جہاندار افسر، مظہر امام، خیرات ندیم، جگن ناتھ آزاد، صلاح الدی نیر پر خاکے شائع ہوئے۔ جس میں ان کی شخصیت اور نجی زندگی و نمونہ کلام پر روشنی ڈالی جاتی رہی۔ ''پرواز شاہین'' کم صفحات پر مشتمل ہونے کے باوجود اس کو اقبال متین کا ایک نفسیاتی ناولٹ ''اجنبی'' شائع کرنے کا شرف حاصل ہے۔ اس کے اداریے سیاسی تجزیے اور عصری مسائل سے مزین ہوتے ہیں۔ اس میں ملک و بیرون ملک کے شعراء وادیب کی تخلیقات شائع ہوتی ہیں۔ ''پرواز شاہین'' کے قلمی معاونین میں صلاح الدین نیر، وقار خلیل، شاذ تمکنت وغیرہ شامل ہیں۔

نیا آدم:۔ نیا آدم مشہور و معروف کامریڈ و کمیونسٹ صحافی جناب امجد باغی کی ادارت میں شائع ہوتا رہا۔ مہدی عابدی اس کے ادارہ سے وابستہ تھے۔ اور اس کے مینجنگ ایڈیٹر بھی تھے۔ جہاندار افسر اور سرورڈنڈا بعد میں اس کے ادارہ سے وابستہ ہوگئے تھے۔ اس کا پہلا شمارہ ۱۶/ڈسمبر ۱۹۶۰ء کو شائع کیا گیا تھا۔ یہ پرچہ ترقی پسند بائیں باز و کمیونسٹ تحریکات کا ترجمان تھا۔ گوکہ اس کا میلان ورجحان سیاسی تھا لیکن اس نے اپنی زندگی میں چند خاص ادبی نمبرات شائع کئے۔ اس کا مخدوم نمبر جو ۴/جنوری ۱۹۷۰ء کو شائع کیا گیا تھا۔ ادبی دستاویز کی حیثیت رکھتا ہے

جس میں مخدوم کی زندگی اور ادبی کارناموں پر مضامین شائع کئے گئے۔ یہ نمبر جملہ 250 صفحات پر مشتمل تھا۔اس کے علاوہ نیا آدم نے 1971ء میں مخدوم کی پہلی برسی کے موقع پر 150 صفحات پر مشتمل خاص نمبر شائع کیا۔ جس میں مخدوم کی شخصیت شاعری پر مضامین شائع ہوئے ۔ یہ نمبر 1/8 کروان سائز پر مشتمل تھا۔''نیا آدم'' کا حسن ناصری نمبر بھی بے حد مقبول ہوا جو 1973ء میں نکالا گیا تھا۔حسن ناصری ترقی پسند ادیب وشاعر تھے۔ان کے کارناموں اور شخصیت پر مبنی مضامین شائع کئے گئے ۔اس نمبر کی ایک خوبی یہ ہے کہ اس کو پاکستان میں حوالے کے طور پر شامل کیا گیا۔اس طرح سے''نیا آدم'' 1980ء تک اردو زبان وادب کی خدمت انجام دیتا رہا بعد میں یہ پرچہ سالم سیاسی ہوکر رہ گیا۔اور آج کل شاذ ونادر ہی نکلا کرتا ہے۔

برگ آوارہ:۔ جناب خورشید احمد جامی کے انتقال کے بعد ان کے کلام کو تابندگی بخشنے کے لئے ان ہی کے ہر دلعزیز بلکہ یوں کہا جائے تو مبالغہ نہ ہوگا کہ بیٹوں جیسے چہیتے شاگرد جناب محمود خاور نے''برگ آوارہ'' کا اجراء جنوری 1970ء میں عمل میں لایا۔اس کے ہر شمارے کے سرورق پر خورشید احمد جامی کا یہ شعر شائع ہوتا تھا۔

زندگی ہے وہ برگ آوارہ　　　　لے کے پھرتی ہیں آندھیاں جس کو

''برگ آوارہ'' ایک خالصتاً ادبی پرچہ تھا جو ابتداء میں پندرہ روزہ کی شکل میں شائع ہوتا رہا۔جس کی معیاد صرف چھ ماہ تک رہی بعد میں بہت جلد ہفتہ روزہ کی شکل میں تبدیل کردیا گیا۔خورشید احمد جامی کی یہ آرزو تھی کہ ادبی کتابوں کی اشاعت اور معیاری ادب کی ترویج وتقویت کے لئے کوئی معیاری رسالہ یا اخبار جاری کیا جائے اسی کے پیش نظر 1968ء میں شالیمار پبلیکشن جو جناب محمود خاور کی کاوشوں سے قائم ہوا اور اس کے نگراں اور سرپرست کی حیثیت سے خورشید احمد جامی وابستہ تھے اور اسی پبلکیشن کی جانب سے خورشید احمد جامی کا دوسرا شعری مجموعہ برگ آوارہ منظر عام پر آیا۔اس کو تقریباً تمام ادبی شخصیتوں کا بھرپور تعاون حاصل تھا۔اس رسالے کے ذریعہ نئے قلمکاروں کو متعارف کروانے کا سلسلہ شروع کیا گیا تھا جس کے نتیجہ میں کئی ادبی شخصیتیں اپنی قابلیت وعلمیت سے ادب میں اپنا وجود منوالیا۔

جناب محمود خاور کا تعلق حیدرآباد ہی کے ایک معزز گھرانے سے ہے آپ کے دادا جسٹس سید محمود اور نانا

حافظ سید شبیر حسین ایڈوکیٹ رائچوری آج تک بھی اہلیان رائچور کی نگاہوں میں معزز سمجھے جاتے ہیں۔ جناب محمود خاور نے حیدرآباد کے نوابی اسکول مدرسہ اعزہ سے میٹرک اور پھر عثمانیہ یونیورسٹی سے پی یوسی اور بی اے کیا۔ ادبی سرگرمیوں کے باعث تعلیم کا سلسلہ کچھ مختصر سے وقفہ کیلئے منقطع رہا اور پھر 1967ء میں حیدرآباد ایوننگ کالج سے ایم اے کیا۔ ''اثر لکھنوی حیات اور کارنامے'' پر ایم اے کی ڈگری ملی۔ ادارہ برگ آوارہ کے ساتھ جناب رشید انصاری، جناب وقار خلیل، وشنودت بھارتی اور ملک کے نامور صحافی جناب اختر حسن اور نامور مصور جناب سعید بن محمد نقش مرحوم کا بھرپور تعاون حاصل رہا۔

اس رسالہ میں عموماً علمی ادبی مضامین شائع ہوتے تھے۔ اس کے علاوہ غزلیں اور نظمیں بھی شائع کی جاتی تھیں اور یہ بالتصویر رسالہ تھا۔ اس رسالے کی ایک خصوصیت یہ تھی کہ اس میں نوجوان ادیبوں اور شاعروں کی تخلیقات شائع کی جاتی تھیں جن کی بناء پر کئی نئے لکھنے والوں نے ادبی دنیا میں اپنا مقام بنالیا۔ اس رسالہ کی دوسری خصوصیت یہ تھی کہ اس میں وشنودت بھارتی صاحب کا ''علم العادات'' کے ذریعہ ادبی سیاسی یا قومی قائدین کا جائزہ لینا تھا۔ اس پرچہ کی تیسری خاص خوبی یہ تھی کہ اس میں جناب سعید بن محمد نقش صاحب کی مصوری کا عمل تھا جو انہوں نے ادبی شخصیتوں کی دستخطوں پر کی تھی ان کے اس فن کو ادبی حلقوں میں پسندیدگی کی نظر سے دیکھا جاتا رہا۔ سعید بن محمد نقش صاحب دستخط کنندہ ادیب شاعر کے پس منظر کو مدنظر رکھتے ہوئے اس کی دستخط پر اس طرح سے مصوری کا عمل کرتے تھے کہ دیکھنے والے بے ساختہ داد دینے پر مجبور ہوجاتے تھے۔ برگ آوارہ کے ذریعہ 1973ء سے 1975ء کے دوران طرحی غزلوں کا ادبی مقابلہ بھی منعقد کیا جاتا رہا ان طرحی غزلوں پر ججس کی رائے کے بعد انعام اول دوم وسوم دیا جاتا رہا اور ان طرحی غزلوں کو بعدازاں برگ آوارہ کے شماروں میں شائع کیا جاتا تھا۔ گو کہ برگ آوارہ خالصتاً ادبی پرچہ تھا اس کے باوجود ادب میں دکنی ادب کے موقوف کو پیش نظر رکھتے ہوئے اور قارئین کو دکنی لب ولہجہ اور زبان کی چاشنی ولطف سے متعارف کروانے کے لئے جناب محمود خاور نے برگ آوارہ میں دکنی انداز کا کلام بھی شائع کیا۔ چنانچہ برگ آوارہ کے ذریعہ دکنی شعراء میں تعارف حاصل کرنے والے شہر رائچور کے شاعر جناب ڈھکن رائچوری نے اپنے دکنی کلام کے ذریعہ بے حد مقبولیت حاصل کی

۔ان کا ایک مختصر سا مجموعہ کلام ''گلر کے پھول'' شالیمار پبلیکشن اور ادارہ برگ آوارہ کے زیر اہتمام شائع ہوا۔

برگ آوارہ کے خاص نمبر بھی شائع ہوئے خورشید احمد جامی صاحب کے انتقال کے بعد 1972ء میں جامی نمبر شائع ہوا۔ جس میں مشاہیر و ناقدین کی ان کے کلام پر آراء نگارشات تاثرات مضامین منظومات وغیرہ کو اسی جامی نمبر میں جناب محمود خاور نے یکجا کیا۔ جامی نمبر 1/8 کروان سائز پر لگ بھگ 96 صفحات پر مشتمل تھا۔ ''قیمت عرض ہنر نمبر'' میں خورشید احمد جامی کی شخصیت فن اور ادب میں ان کے کارنامے پر ملک کے مختلف مشاہیر سے مضمون لکھوائے گئے اس کی اشاعت کا پس منظر یہ ہے کہ ادبی حلقوں کی جانب سے جناب خورشید احمد جامی صاحب کی حیات میں 1960ء سے 1968ء کے دوران جشن جامی منانے کے سلسلہ میں ایک کمیٹی قائم کی گئی تھی۔ اور اس جشن جامی کے سلسلہ میں پروگرام کو قطعیت دی جا چکی تھی بس مقام کا تعین اور ضابطہ کے مطابق قومی قائدین یا وزراء کو بلوانا تھا کہ اواخر 1968ء سے جامی صاحب کی علالت کا ایک طویل سلسلہ شروع ہوگیا۔ جامی صاحب کو حلق کا کینسر لاحق ہوگیا تھا۔ ان کے معالج ڈاکٹر سید عبدالمنان تھے چنانچہ جامی صاحب کی علالت کے باعث جشن جامی اپنے پروگرام کے مطابق منعقد نہ ہوسکا۔ جامی صاحب کے انتقال کے بعد جشن جامی کے سلسلہ میں وصول شدہ مضامین، منظومات وغیرہ کو ''قیمت عرض ہنر'' میں یکجا کیا گیا اور یہ 1/8 کروان سائز پر مشتمل تھا۔ 1973ء میں شائع ہوا۔ جملہ ۱۱۲ صفحات پر مشتمل تھا اور بالتصویر بھی تھا۔

برگ آوارہ نے 1975ء میں امیر خسرو نمبر شائع کیا اس میں امیر خسرو کے کلام پر مختلف برصغیر کے قلم کاروں کی نگارشات شامل تھی۔ یہ 1/4 کروان سائز پر لگ بھگ ۲۰ صفحات پر شامل تھا۔ دکن کے صوفی شاعر برگزیدہ شخصیت حضرت خواجہ بندہ نواز گیسو دراز کے عروس شریف کے موقع پر شائع کیا اس نمبر کا پس منظر حضرت ممدوح کی برگزیدگی کے علاوہ ان کی ادبی حیثیت پیش نظر تھی اخباری سائز ۶۴ رصفحات پر مشتمل تھا۔ برگ آوارہ ابتداً صحیفہ پریس اور بعد ازاں پروفیسر سید محمد کے اعجاز پریس میں طبع ہوا کرتا تھا۔ 1973ء تا 1975ء کے دوران ایک دلچسپ بحث کا آغاز بہ عنوان ''ادب برائے ادب'' شروع کیا گیا تھا۔ جو نہ صرف پسند کی گئی بلکہ اس میں برصغیر کی بلند پایہ ادیب بھی اس بحث میں حصہ لینے لگے۔ لیکن بعد میں ایک طویل عرصہ کے بعد اس سلسلہ کو

منقطع کرنا پڑا۔ کیونکہ اس بحث کے سلسلہ میں وصول ہونے والی تحریریں تعمیری انداز کے بجائے تخریبی ہونے لگی تھی۔1970ء سے 1978ء تک ''برگ آوارہ'' کی ادارت محمود خاور نے سنبھالی۔اور 1980ء تک انور مسعود کی ادارت میں یہ پرچہ پابندی سے نکلتا رہا۔ بعدازاں نامساعد حالات کی وجہ سے اس کی اشاعت موقوف ہوگئی۔ انور مسعود صاحب اس کو دوبارہ شائع کرنے کی کوشش وسعی میں منہمک ہیں۔

آہنگ:۔ خورشید احمد جامی کی ادارت میں ہر ہفتہ شائع ہوا کرتا تھا۔آہنگ ایک ہفتہ وار ادبی رسالہ تھا۔مجلس ادارت سے امیر احمد خسرو بھی وابستہ تھے۔اس کو بھی ترقی پسند ادیب وشعراء کا قلمی تعاون حاصل تھا۔ تقریباً ڈیڑھ سال تک جاری رہنے کے بعد بند ہوگیا۔

تیشہ:۔ اس کی نوعیت پندرہ روزہ تھی۔ یہ جناب اعظم راہی اور حسن فرخ مدیران کی ادارت میں شائع ہوتا تھا۔گوکہ یہ پندرہ روزہ پرچہ سیاسی میلانات کا حامل کہلاتا تھا لیکن اس میں ادبی معرکہ اور ادبی مضامین جگہ پاتے رہے ہیں۔ تیشہ کے اپریل 1979ء کے شمارے میں سمپوزیم کی رپورٹ شائع کی گئی جو 18/مارچ کو ساڑھے دس بجے دن انوارالعلوم کالج رائے جانکی پرشاد ہال میں منعقد ہوا۔جس کا اہتمام اردو اکیڈیمی آندھرا پردیش نے کیا گیا تھا۔اس سمپوزیم کا عنوان ''اردو افسانے کے 25 سال'' تھا۔اس سمپوزیم میں جناب مغنی تبسم اردو افسانے کے 16 سال پر اپنا کلیدی مضمون پڑھا''جس میں انہوں نے کہا کہ تجریدی کہانی آزاد نظم یا نثری نظم کی طرح بظاہر آسان لیکن درحقیقت ایک مشکل فن ہے۔''

ڈاکٹر یوسف سرمست نے بحث میں حصہ لیتے ہوئے کہا کہ'' آج سے پچاس سال پہلے یہ بات بڑی شدومد کے ساتھ کہی جارہی تھی کہ ترسیل کے دوسرے ذرائع کے باعث ناول اور افسانہ ختم ہورہا ہے لیکن ناول ختم ہوا نہ افسانہ۔ادیب اور فن کار کے درمیان ایک مہین سا پردہ ہمیشہ حائل رہا ہے۔'' اسی طرح سے اس پرچہ میں نئے اور جدید شعراء کی تخلیقات شائع ہوتی رہیں۔ابتداء میں یہ کتابی سائز پر ۳۶ صفحات پر مشتمل ہوتا تھا لیکن بعد میں ہفتہ واری سائز پر شائع ہوتا رہا۔

ادبی ماہ نامے

سب رس:۔ ادارہ ادبیات کے قیام کے بعد اردو کے مشہور محقق و ماہر لسانیات ڈاکٹر محی الدین قادری زور نے جنوری 1938ء میں ماہ نامہ ''سب رس'' کو جاری کیا۔ عوام اور خواص کی ادبی ذوق کی تسکین کے علاوہ ادارے کی اپنی ترقی اور کام کی وسعت کے لئے ترجمان کی شدت سے ضرورت محسوس کی جارہی تھی۔ جو اپنے مقاصد اور خیالات کو اردو داں طبقے سے روشناس کراسکے اسی خیال کو عملی صورت میں ''سب رس'' کی شکل میں ترتیب دیا گیا۔ یہ ایک طرف معلومات آفریں تھا دوسری طرف اس میں سلاست اور افادیت کا بھی خاص خیال رکھا گیا اس لئے یہ حیدرآباد ہی میں نہیں حیدرآباد کے باہر بھی مشہور ہوا۔ اس کے پہلے شمارے کا سرورق عبدالرحمٰن چغتائی نے بنایا تھا ایک سال تو یہ رسالہ ڈاکٹر زور کی نگرانی میں صاحبزادہ میر محمد علی خاں میکش کی ادارت اور خواجہ حمید الدین شاہد کے زیر اہتمام پابندی سے نکلتا رہا۔ لیکن جب اس کی مانگ بڑھی تو اس کے لئے بھی ایک مجلس انتظامی کی ضرورت محسوس کی گئی۔ نگراں ڈاکٹر زور ہی تھے۔ سکینہ بیگم نے خواتین کے مضامین کی اور معین الدین احمد انصاری نے بچوں کے مضامین کی ذمہ داری سنبھالی۔ 1940ء تک ایک ہی ''سب رس'' نکلتا تھا۔ جس میں بچوں کے ضمیمے کے علاوہ ایک اور ضمیمہ معلومات کا شامل کیا گیا۔ آگے چل کر بچوں کی معلومات کا حصہ ختم کر دیا گیا 1940ء سے بچوں اور طلباء کے ''سب رس'' کے علاوہ ایک اور پرچہ ''سب رس معلومات'' کے نام سے جاری کیا گیا۔ جس میں معلومات تحقیقی سائنسی علمی ادبی مضامین شائع ہوتے تھے۔

میکش کے بعد خواجہ حمید الدین شاہد، سلیمان اریب اور وقار خلیل بھی مختصر عرصہ کیلئے ''سب رس'' کی ادارت کے فرائض انجام دیتے رہے۔ ڈاکٹر زور کے انتقال کے بعد لگ بھگ بارہ سال تک اس کی ادارت کے فرائض ڈاکٹر اکبرالدین صدیقی نے انجام دیئے۔ سلیمان اریب کی صحافتی زندگی کا آغاز بھی درحقیقت ''سب رس'' ہی سے ہوتا ہے اور وقار خلیل ''سب رس'' سے مستقل طور پر وابستہ ہیں۔ ان دنوں ڈاکٹر مغنی تبسم اس کے مدیر اعزازی ہیں۔ سب رس کے عام شماروں کے علاوہ چند خاص شمارے بھی مختلف موقعوں پر شائع کئے گئے جن میں سے حسب ذیل یہ ہیں۔

محرم نمبر، اقبال نمبر، حیدرآباد ایجوکیشنل کانفرنس نمبر، دکن نمبر، اردو نمبر، ریڈیو نمبر وغیرہ ان نمبرات کے

علاوہ ''سب رس'' نے مارچ اپریل 1948ء کو میکش نمبر نکالا۔ جس میں ان کی شاعری اور حیات سے متعلق مضامین اور نظمیں شریک اشاعت ہوئیں اس کے علاوہ میکش کا غیر مطبوعہ کلام اور خطوط بھی شائع کئے گئے۔ میکش کو ''سب رس'' سے بہت قریبی اور گہرا تعلق رہا اور وہ اس رسالہ کے پہلے مدیر رہے۔ ''سب رس'' نے ان کے خدمات کے اعتراف اور ان کو خراج عقیدت پیش کرنے کیلئے اس نمبر کا اہتمام کیا۔ ''سب رس'' نے اپریل 1949ء میں ایک خاص نمبر نواب سالار جنگ مرحوم شائع کیا جس کا جلد نمبر 12 اور شمارہ نمبر 4 ہے اس میں نواب سالار جنگ بہادر مرحوم کی زندگی اور کارناموں پر روشنی ڈالی گئی۔ اس نمبر کے جملہ 64 صفحات ہیں۔

''سب رس'' نے ڈاکٹر زور کے انتقال پر 1962ء ماہ اکتوبر نومبر ڈسمبر جس کا جلد نمبر 26 شمارہ نمبر 10-11-12 ہے زور نمبر شائع کیا۔ اس خاص نمبر میں ڈاکٹر محی الدین قادری زور کی شخصیت فن اور ادبی کارناموں خصوصاً لسانیاتی خدمات پر مضامین شائع کئے گئے۔ ان پر مضامین لکھنے والوں میں نصیرالدین ہاشمی سید حرمت الاکرام، ڈاکٹر گیان چند جین، وغیرہ شامل تھے۔ اس کے علاوہ ڈاکٹر زور کی تخلیقات، مضامین، خطبات، خطوط، نظمیں اور غزلیں شائع ہوئے۔ سب رس نے مندرجہ بالا خاص نمبرات کے علاوہ جنوری 1971ء میں سالنامہ جاری کیا جس کا جلد نمبر 34 شمارہ 1 ہے اس میں دکنی شعراء اور دکنی زبان پر مضمون شائع ہوئے۔ اس سالنامہ کے نگرانی اور مرتب میں پروفیسر سید علی اکبر اور محمد اکبرالدین صدیقی تھے یہ 128 صفحات پر مشتمل ہے۔

متذکرہ بالا نمبرات کے علاوہ سب رس نے اپنی زندگی میں کئی بیش بہا و گرانقدر نمبر شائع کئے جن میں بشیر بیگم، قلی قطب شاہ، غالب نمبر قابل ذکر ہیں۔ نجیب اشرف ندوی، نواب عنایت جنگ اور نصیرالدین ہاشمی کے انتقال پر ان کے بارے میں خاص نمبر شائع کئے گئے۔ مندرجہ بالا ''سب رس'' کے یہ خاص نمبرات و سالنامہ ادبی حلقوں میں بے حد مقبول ہوئے اور ہر نمبر کے بارے میں ملک کے اہم سب ہی رسائل و جرائد میں مبصرین نے ان پر اظہار خیال کیا۔ جناب طیب انصاری نے ''سب رس'' کی خدمات پر اظہار خیال کرتے ہوئے فرمایا ہے کہ علمی و ادبی نقطہ نظر سے ''سب رس'' کی اشاعت بے حد اہمیت رکھتی ہے۔ تحقیق کے میدان میں ''سب رس'' کا خضر کا فرض انجام دیتا ہے۔ یہ باب الداخلہ ہے جہاں سے ہر ادیب اور محقق کو ہو کر گذرنا پڑتا ہے۔ ''سب رس''

ہمیشہ سے موقتی تحریکوں سے محفوظ رہا ہے لیکن ہر نئے رجحان کو اس میں جگہ ملی ہے ۔ اس رسالے کی اگر کوئی خصوصیت ہے بھی تو یہی کہ اس کے صفحات دکنی ادب کی بازیافت کیلئے ہمیشہ کھلے رہے ہیں۔ دکنی ادب کی بازیافت ایک تہذیب اور ایک کلچر کی دریافت ہے ۔(حیدرآباد میں اردو صحافت ص ۱۹۰) حیدرآباد کے رسائل و جرائد میں ''سب رس'' کی حیثیت اس لئے بھی منفرد ہے کہ یہ زمانے قدیم ہی سے اردو زبان و ادب کی خدمت کرتا چلا آرہا ہے اس کے ہمعصر بھی زمانے کے دست برد سے متاثر ہوکر اپنے وجود کو برقرار نہ رکھ سکے قدامت کے لحاظ سے منفرد ہونے کے علاوہ یہ آج بھی علم وادب کی شمع جلائے ہوئے ہے۔ ''سب رس'' ایک طرف تو علم و ادب کی خدمت کرتا رہا تو دوسری طرف ملک کے نوجواں ادیبوں اور شاعروں کی تخلیقات شائع کر کے ان کی حوصلہ افزائی کی اس نے اپنا مزاج اور منصب بنایا اس کے علاوہ ان مصنفین کی کتابیں بھی شائع کیں جن کے کئی مضامین ''سب رس'' میں شائع ہو چکے تھے۔ آج کل اس میں دکنی ادب کو شائع کرنے کیلئے زیادہ توجہ دی جارہی ہے۔ اس کو ابتداء ہی سے صف اول کے ادیبوں، نقادوں اور شاعروں کا قلمی تعاون حاصل رہا اسکا مطالعہ محققوں، ادیبوں، شاعروں، نقادوں اور ادب کے طالب علموں کیلئے بے حد ضروری اور مفید ثابت ہوگا آج بھی یہ پابندی کے ساتھ بڑی آب وتاب کیساتھ اردو کی گراں قدر خدمت انجام دے رہا ہے۔ ''سب رس'' کی ایک خصوصیت یہ ہے کہ اس میں دکنی ادب سے متعلق مضامین اور تحقیقی مقالوں کو شائع کیا جاتا رہا۔ اس کے علاوہ ہندوستان و پاکستان کی جامعات میں جہاں جہاں دکنی پڑھائی جاتی ہے وہاں سب رس سے استفادہ بھی کیا جاتا ہے اور اس کے مضامین حوالے کے طور پر دوسرے معاصرین رسالوں میں ڈائجسٹ بھی کئے جاتے ہیں۔ اس کے مدیر پروفیسر مغنی تبسم ہیں مجلس مشاورت میں صدر عبدالکریم خان آئی اے ایس اراکین میں پروفیسر گوپی چند نارنگ، پروفیسر سلیمان اطہر جاوید، مصحف اقبال توصیفی ،سید خالد قادری معاونین میں سلیمان اطہر جاوید، بیگ احساس اس کے ذیلی عنوانات اس طرح سے ہیں۔ پہلی بات، اداریہ، کتاب، مضامین، شاعری، افسانہ، مطالعہ، نقد ونظر وغیرہ شامل ہیں۔ آج کل سب رس ڈاکٹر بیگ احساس صدر شعبہ اردو حیدرآباد سنٹرل یونیورسٹی کی ادارت میں شائع ہو رہا ہے انہوں نے اس کے رنگ وروپ میں کافی تبدیلیاں کیں۔ اس کے مشمولات میں جدت وندرت پائی جاتی ہے۔

سب رس کے خاص شماروں کی تفصیل اس طرح ہے۔

نشان سلسلہ	ماہ	سال	خصوصی اشاعت
۱۔	مارچ	۱۹۳۸ء	محرم نمبر
۲۔	جون	۱۹۳۸ء	اقبال نمبر
۳۔	اگست	۱۹۳۸ء	حیدرآباد ایجوکیشنل کانفرنس (ضمیمہ)
۴۔	جنوری	۱۹۳۸ء	مرقع دکن نمبر
۵۔	جنوری	۱۹۳۸ء	اردو نمبر
۶۔	جنوری	۱۹۳۹ء	ریڈیو نمبر
۷۔	فروری	۱۹۴۰ء	جنگ نمبر
۸۔	مئی	۱۹۴۱ء	ادارہ ادبیات اردو نمبر
۹۔		۱۹۴۲ء	ترقی پسند ادب نمبر
۱۰۔	مارچ/اپریل	۱۹۴۸ء	میکش نمبر
۱۱۔	اپریل	۱۹۴۹ء	سالار جنگ نمبر
۱۲۔	ستمبر	۱۹۴۹ء	افسانہ نمبر
۱۳۔	فروری/مارچ	۱۹۵۴ء	خاص نمبر
۱۴۔	جون/جولائی/اگست	۱۹۵۴ء	حیدرآباد اردو کانفرنس
۱۵۔	فروری/مارچ	۱۹۵۵ء	جشن سیمیں ۵۵ء ادارہ ادبیات اردو
۱۶۔	جنوری فروری مارچ	۱۹۵۶ء	سالگرہ نمبر
۱۷۔	مارچ اپریل	۱۹۵۶ء	صفی نمبر
۱۸۔	جولائی اگست	۱۹۵۶ء	امجد نمبر

۱۹۔	جنوری	۱۹۵۷ء	ادارہ نمبر
۲۰۔	اپریل مئی جون	۱۹۵۸ء	خاص نمبر قلی قطب شاہ
۲۱۔	جنوری	۱۹۶۰ء	محمد قلی قطب شاہ نمبر
۲۲۔	مارچ	۱۹۶۰ء	ادارہ نمبر
۲۳۔	مئی	۱۹۶۰ء	ایوان اردو نمبر
۲۴۔	جنوری	۱۹۶۰ء	محمد قلی قطب شاہ نمبر
۲۵۔	اپریل	۱۹۶۱ء	ادارہ نمبر
۲۶۔	جون	۱۹۶۱ء	ٹیگور نمبر
۲۷۔	جنوری	۱۹۶۲ء	محمد قلی قطب شاہ نمبر
۲۸۔	مارچ	۱۹۶۲ء	ادارہ ۱۹۶۱ء نمبر
۲۹۔	مئی جون	۱۹۶۲ء	امجد نمبر
۳۰۔	جولائی	۱۹۶۲ء	عزیز جنگ ولا نمبر
۳۱۔	جنوری فروری	۱۹۶۳ء	ظفر نمبر
۳۲۔	اپریل	۱۹۶۳ء	ادارہ نمبر
۳۳۔	اکتوبر تا دسمبر	۱۹۶۳ء	زور نمبر
۳۴۔	فروری	۱۹۶۴ء	یوم قلی قطب شاہ نمبر
۳۵۔	مئی	۱۹۶۵ء	ادارہ نمبر
۳۶۔	جنوری	۱۹۶۵ء	ہاشمی نمبر
۳۷۔	جولائی	۱۹۶۵ء	ادارہ نمبر
۳۸۔	اپریل	۱۹۶۶ء	یادگار محمد قلی قطب شاہ

۳۹۔	اگست	۱۹۶۶ء	ادارہ نمبر
۴۰۔	اکتوبر	۱۹۶۶ء	یوم زور نمبر
۴۱۔	اگست	۱۹۶۷ء	ادارہ نمبر
۴۲۔	جولائی	۱۹۶۸ء	یوم قلی نمبر
۴۳۔	ستمبر	۱۹۶۸ء	ادارہ نمبر
۴۴۔	اپریل	۱۹۶۹ء	نجیب اشرف ندوی نمبر
۴۵۔	ستمبر اکتوبر	۱۹۶۹ء	غالب نمبر (پہلا حصہ)
۴۶۔	ڈسمبر	۱۹۶۹ء	غالب نمبر (دوسرا حصہ)
۴۷۔	جولائی	۱۹۷۰ء	ادارہ نمبر
۴۸۔	جنوری	۱۹۷۱ء	سالنامہ
۴۹۔	اپریل	۱۹۷۱ء	عنایت جنگ نمبر
۵۰۔	فروری	۱۹۷۲ء	ادارہ نمبر
۵۱۔	جون	۱۹۷۲ء	خاص شمارہ یوم قلی
۵۲۔	جولائی	۱۹۷۲ء	نظیر نمبر
۵۳۔	ستمبر	۱۹۷۲ء	ادارہ نمبر
۵۴۔	مارچ	۱۹۷۳ء	احتشام نمبر
۵۵۔	اکتوبر	۱۹۷۳ء	ادارہ نمبر
۵۶۔	ستمبر	۱۹۷۴ء	ادارہ نمبر
۵۷۔	جولائی	۱۹۷۵ء	ادارہ نمبر
۵۸۔	مارچ	۱۹۷۶ء	یوم محمد قلی قطب شاہ

۵۹۔	جنوری	۱۹۷۷ء	سالنامہ
۶۰۔	نومبر	۱۹۷۷ء	اقبال نمبر
۶۱۔	مارچ	۱۹۷۷ء	یوم محمد قلی قطب شاہ نمبر
۶۲۔	ستمبر	۱۹۸۰ء	اریب نمبر
۶۳۔	نومبر	۱۹۸۰ء	زور نمبر
۶۴۔	ستمبر اکتوبر	۱۹۸۳ء	پروفیسر علی اکبر نمبر
۶۵۔	جنوری	۱۹۸۵ء	عالم خوندمیری نمبر
۶۶۔	ستمبر اکتوبر	۱۹۸۶ء	سکینہ بیگم نمبر
۶۷۔	مارچ	۱۹۸۷ء	سلور جوبلی تقاریب یوم محمد قلی قطب شاہ نمبر
۶۸۔	مئی	۱۹۸۸ء	محمد قلی قطب شاہ نمبر
۶۹۔	ستمبر	۱۹۸۹ء	محمد قلی قطب شاہ نمبر
۷۰۔	اکتوبر	۱۹۸۹ء	محامد علی عباسی نمبر
۷۱۔	نومبر ڈسمبر	۱۹۹۰ء	ڈاکٹر حفیظ قتیل نمبر
۷۲۔	اگست	۱۹۹۱ء	ڈاکٹر سکینہ الہام نمبر
۷۳۔	جنوری فروری مارچ	۱۹۹۳ء	عابد علی خان نمبر

خصوصی نمبرات

۱۔	۱۹۹۶ء	سب رس	۔	مئی جون	یوم قلی قطب شاہ
۲۔	۱۹۹۸ء	سب رس	۔	مارچ	محبوب حسین جگر نمبر
۳۔	۱۹۹۸ء	سب رس	۔	اپریل	یوم محمد قلی قطب شاہ نمبر
۴۔	۱۹۹۸ء	سب رس	۔	نومبر	تہنیت النساء بیگم نمبر
۵۔	۱۹۹۹ء	سب رس	۔	ستمبر	زور نمبر
۶۔	۲۰۰۱ء	سب رس	۔	دسمبر	خواجہ حمید الدین شاہد نمبر
۷۔	۲۰۰۶ء	سب رس	۔	فروری	غالب نمبر

سب رس کے خصوصی گوشے

۱۔	۲۰۰۲ء	سب رس	جنوری	جلد 6، شمارہ 10	گوشہ پروفیسر بیگ احساس
۲۔	۲۰۰۷ء	سب رس	جون	جلد 69 شمارہ 6	ممتاز افسانہ نگار گوشہ علی باقر ششذ رشرما
۳۔	۲۰۰۷ء	سب رس	نومبر	جلد 69 شمارہ 11	گوشہ سید تقی الدین قادری
۴۔	۲۰۰۸ء	سب رس	ستمبر	جلد 70 شمارہ 9	گوشہ ڈاکٹر شاہد صدیقی

مندرجہ ذیل اصحاب کی تصاویر سب رس کے ٹائٹل پر چھپی ہیں

نشان سلسلہ	سال ومہینہ	مصنف رمولف رشاعر
۱۔	۲۰۰۲ء	آل احمد سرور
۲۔	۲۰۰۲ء مئی	کیفی اعظمی
۳۔	۲۰۰۳ء مارچ	رامن راج سکسینہ
۴۔	۲۰۰۳ء مئی	فیض
۵۔	۲۰۰۳ء جون	ہاشم علی اختر
۶۔	۲۰۰۳ء جولائی	ملا وجہی
۷۔	۲۰۰۴ء جون	جعفر نظام
۸۔	۲۰۰۴ء اگست	جگن ناتھ آزاد
۹۔	۲۰۰۴ء نومبر	اسامہ فاروقی
۱۰۔	۲۰۰۴ء ڈسمبر	نثار احمد فاروقی
۱۱۔	۲۰۰۵ء جنوری	مرزا اکبر علی بیگ
۱۲۔	۲۰۰۵ء اپریل	آمنہ ابوالحسن
۱۳۔	۲۰۰۵ء مئی	علی احمد جلیلی
۱۴۔	۲۰۰۵ء مئی	قاضی سلیم
۱۵۔	۲۰۰۵ء جولائی	غلام جیلانی
۱۶۔	۲۰۰۶ء ستمبر	احمد ندیم قاسمی
۱۷۔	۲۰۰۶ء اکتوبر	سید سراج الدین

۱۸۔	۲۰۰۷ء فروری	سید صفی الدین قادری
۱۹۔	۲۰۰۷ء اپریل	رفیعہ سلطانہ
۲۰۔	۲۰۰۸ء جون	رفیعہ منظور الامین

ہندوستانی ادب:۔ ''ہندوستانی ادب'' حیدرآباد کے قدیم ترین رسائل میں سے تھا۔ جس طرح روزنامہ ''شیر دکن'' اور ''سب رس'' اپنی قدامت کی وجہ سے آج بھی مقبول ومشہور ہیں اسی طرح ہندوستانی ادب بھی اپنی منفرد حیثیت رکھتا تھا۔ روز اول ہی سے مولوی غلام محمد خاں (جی ایم خان) اس ماہ نامہ کے ایڈیٹر تھے مولوی غلام محمد خاں جامعہ عثمانیہ کے مایہ ناز سپوت تھے۔ اپنے دور طالب علمی میں ذہانت اور صلاحیت کی وجہ سے خاص شہرت رکھتے تھے اپنے طالب علمی کے زمانے میں وہ 1934ء کے مجلّہ عثمانیہ کے مدیر بھی رہے۔ آپ راست و بے باک اور خوددار صحیفہ نگار تھے انہوں نے کبھی بھی مفادات حاصلہ سے نہ توسا زباز رکھا اور نہ ہی مفاہمت پرستی اور موقعہ پرستی کو اپنایا۔ جی ایم خان صاحب حیدرآباد کی پہلی مجلس بلدیہ کے رکن بھی تھے۔ مولوی غلام محمد خاں صاحب جامعہ سے نکلنے کے بعد اکتوبر 1939ء میں ''ہندوستانی ادب'' کے نام سے ایک ماہنامہ جاری کیا جو اپنے ابتدائی زمانے میں اعلیٰ معیار کی وجہ سے خاص اہمیت وشہرت رکھتا تھا لیکن ان دنوں اس کی اہمیت ایک کم تر ڈائجسٹ کی سی ہو کر رہ گئی تھی۔ مضامین دیگر رسائل وجرائد سے نقل ہوتے تھے۔ کتابت وطباعت اور کاغذ بھی ناقص استعمال ہوتا رہا اور اردو الفاظ کا صوتی بنیاد پر املا لکھا جاتا رہا۔ جی ایم خاں صاحب اردو زبان کو صوتی انداز میں لکھ کر آساں اور سہل بنانے کے حامی تھے۔ آوازی اصولوں پر لکھنے کی وجہ سے بعض حلقوں سے مخالفت شروع ہوگئی تھی۔ لیکن انہوں نے ان مخالفتوں کا سامنا کرتے ہوئے تازیست اپنے اس رسالہ کو صوتی انداز میں لکھتے رہے ان کے انتقال کے بعد یہ تحریک دم توڑ چکی تھی۔

ہندوستانی ادب میں مولوی جی ایم خان صاحب نے ''ہمارے خیالات'' کے عنوان سے مستقل اداریئے لکھے جن میں انہوں نے اردو زبان کو صوتی انداز میں تحریر کرنے کے فوائد بیان کئے۔ اس کے علاوہ ادب اور اردو کے رسائل پر بھی روشنی ڈالتے رہے اس رسالہ کی ایک خصوصیت یہ تھی کہ اس کے ہر شمارہ میں اردو ادب کے مشہور ومعروف شاعر لسانی الحقیقت مولانا افقر موہانی وارثی لکھنوی اور لسان الاثر ناخدائے سخن حضرت نوح قادری کی نظمیں اور غزلیں بلا وقفہ وبلا ناغہ شائع ہوتی رہیں۔ اس کی دوسری خصوصیت یہ ہے کہ اس طرز تحریر پر لکھا جانے والا ایک رسالہ جوگگن کے نام سے بمبئی سے نکلتا تھا۔ قابل ذکر ہیں اور یہ دونوں ہندوستان کے رسائل میں

منفرد تصور کئے جاتے تھے۔ کسی زمانے میں ہندوستانی ادب کے دو خاص نمبر جو ٹیگور اور جلیل کی شعری خدمات کو خراج تحسین ادا کرنے کے لئے شائع ہوتے تھے۔ بے حد مقبول ہوئے 15/ اگست 1947ء آزادی کے بعد ''ہندوستانی ادب'' نے مندرجہ ذیل خاص موقعوں پر خاص نمبرات نکالے ہیں جن میں ''استالن اعظم نمبر'' جو اپریل 1953ء کو شائع کیا گیا۔ اس نمبر میں روس کے انقلابی ہیرو اسٹالن کی زندگی اور کارناموں پر مضامین شائع ہوئے۔ آزادی نمبر یہ اگست 1959ء کو شائع کیا گیا۔ اس میں مختلف شعراء ادیب نے آزادی پر مضامین اور منظومات لکھیں۔ ان میں حفیظ قتیل، جگن ناتھ آزاد، ثمینہ شوکت وغیرہ یہ خاص نمبر جملہ 64 صفحات پر مشتمل تھا۔ مندرجہ بالا خاص نمبر کے علاوہ ''ہندوستانی ادب'' نے ''قومی یکجہتی نمبر'' اور ''خواجہ میر درد نمبر'' شائع کیا۔ ''خواجہ میر درد نمبر'' یہ جولائی اگست ستمبر 1977ء کا مشترکہ شمارہ تھا۔ اس طرح سے جناب غلام محمد خان صاحب اردو زبان و ادب کی خدمت لگ بھگ پچاس سال تک انجام دینے کے بعد 4/ اکتوبر 1977ء کو داعی اجل کو لبیک کہا ان کے انتقال کے بعد رسالہ بند ہوگیا۔ اس رسالے کے اہم قلمی معاونین میں سلام سندیلوی، محمد احسن فاورقی، تمکین کاظمی، مولانا ابوالکلام آزاد، عرش ملسیانی، ظ۔ انصاری، عبدالماجد دریابادی، خواجہ احمد عباس، کرشن چندر، احتشام حسین، سنتی کمار چٹرجی، محمد حسن، ممتاز مفتی، مسعود حسین رضوی ادیب وغیرہ شامل تھے۔ ہندوستانی ادب کے خاص نمبر یہ ہیں۔ پچیسویں سالگرہ وقیام آندھراپردیش نمبر اکتوبر نومبر 1964ء جلد ۲۵ نمبر 2-1، صفحات 64، آزادی نمبر جولائی اگست 1965ء جلد ۲۵، نمبر 11-10 صفحات 64، سلور جوبلی نمبر اکتوبر نومبر ڈسمبر 1965ء نمبر 3-2-1 صفحات 200، پچیسویں سالگرہ وقیام آندھراپردیش نمبر جولائی اگست ستمبر 1966ء جلد 37 نمبر 12-11-10، جمہوریائی نمبر جلد ۲۷، نمبر ۴ جنوری 1967ء، اکتیسویں سالگرہ نمبر جلد ۳۱ نمبر 3-2-1 اکتوبر نومبر ڈسمبر 1970ء صفحات 100۔

<u>ایوان:۔</u> سید مختار کرمانی کی ادارت میں 1945ء میں اس کا پہلا شمارہ شائع ہوا۔ اس کے ابتدائی پرچے بالکل قدامت پسندی کے حامل تھے بعد میں علامہ حیرت بدایونی، جیلانی بانو اور علی احمد اس کے ادارۂ تحریر میں شریک ہوگئے تھے تو پرچہ میں کسی قدر تبدیلی ہوگئی تھی۔ ستمبر تا نومبر 1948ء سے اس کے ادارۂ تحریر میں

تبدیلیاں واقع ہوئیں اوراس میں سعیدہ مظہر، علی امجد حیرت بدیوانی، حبیب اللہ اوج کوشامل کرلیا گیا تھا۔ ''نقش اول'' کے عنوان سے مستقل اداریئے لکھے جاتے رہے۔ جو اپنے عہد کے مسائل سے معمور تھے اس میں نامور ادیبوں اور شعراء کے ساتھ ساتھ نئی نسل کے ادیبوں کی تخلیقات کو بھی شائع کیا جاتا رہا۔اس کے عام شمارے کافی ضخیم ہوتے تھے۔ یہ بالتصویر ۸/۱ کروان سائز پر شائع ہوتا تھا۔ ''ایوان'' نے اپنی زندگی میں چند خاص نمبر اور ایک سالنامہ شائع کیا جس میں اداکار نمبر، حیدرآباد نمبر، اور سالنامہ قابل ذکر ہیں۔ پولیس ایکشن سے پہلے اس کا سالنامہ شائع ہوا تھا۔ جس کا جلد نمبر۲ اور شمارہ نمبر ۵/۶ تھا۔ جومئی جون 1948ء میں نکالا گیا۔اس میں معیاری مضامین ومقالات منظومات اور کہانیاں شائع ہوئیں۔ یہ بالتصویر جملہ 260 صفحات پر مشتمل تھا۔اس پرچہ کے قلمی معاونین میں سید خورشید علی خواجہ حسن نظامی، قاضی عبدالغفار، پروفیسر مجید صدیقی، امجد علی نقاد، نصیرالدین ہاشمی، وحید یوسف زئی۔منظومات میں نوح ناروی، جگر مرادآبادی، مرزا فرحت اللہ بیگ، علی اشرف، ماہرالقادری ،شکیل بدیوانی، وفاشاہ جہاں پوری، نظر حیدرآبادی، ارشد تھانوی، شاہد صدیقی، طالب رزاقی، امیر احمد خسرو، افسانہ وکہانیوں میں حیرت بدایونی، ابراہیم جلیس، کوثر چاندپوری، شریف عنایت اللہ، خواجہ احمد عباس، محبوب حسین جگر، جہاں بانونقوی وغیرہ جیسے بلند پایہ شاعر وافسانہ نگار شامل تھے۔ان ناموں سے پرچہ کے ادبی معیار کا اندازہ ہوجاتا ہے۔ اس کو حیدرآباد کا پہلا ترقی پسند رسالہ کہا جائے تو مبالغہ نہ ہوگا۔ آخر میں پولیس ایکشن کے بعد 1950ء میں اس کی اشاعت موقوف ہوگئی۔

<u>داستان:۔</u> فروری 1947ء میں احمد مکی نے رسالہ ''داستان'' محترمہ زینت ساجدہ کی معاونت میں جاری کیا۔داستان کو ہندوستان گیر مقبولیت حاصل تھی اور تمام بیرونی ومقامی مشاہیر ادب کی قلمی معاونت حاصل تھی پولیس ایکشن کے بعد یہ رسالہ بند ہوگیا۔رسالہ ''داستان'' اپنے وقت کا معیاری رسالہ تھا اور اس کا پہلا شمارہ کافی وقیع بھی اور وزنی بھی تھا۔اس کا پہلا شمارہ فروری 1947ء کو منظر عام پر آیا تھا۔ابتداء میں اس کے ادارہ تحریر میں زینت ساجدہ کے ساتھ مظہر ممتاز اور جاوید عزیز شامل تھے۔اس کے قلمی معاونین میں کرشن چندر، میراجی، اختر الایمان، امجد یوسف زی، ابراہیم جلیس، رفیعہ سلطانہ، جگر مرادآبادی، قرۃ العین حیدر، میکش، شاہد صدیقی، نظر

حیدرآبادی، سلام مچھلی شہری، احمد ندیم قاسمی، ان ناموں سے ظاہر ہوتا ہے کہ ''داستاں'' کوترقی پسند ادیبوں کا تعاون حاصل تھا۔

چراغ:۔ حیدرآباد میں 1948ء سے قبل ہی جناب عابد علی خان اور سلیمان اریب، مخدوم محی الدین کی کاوشوں سے انجمن ترقی پسند مصنفین کا قیام عمل میں لایا گیا تھا۔لیکن اس وقت ترقی پسند رسائل کا فقدان تھا۔البتہ ''ایوان''اور''داستان''میں ترقی پسند شعراء وادیب کی تخلیقات شائع کی جاتی تھیں۔مگر یہ رجحان ومسلک کے اعتبار سے ترقی پسند رسائل کے زمرہ میں شمار نہیں کئے جاسکتے۔''چراغ'' پہلا رسالہ ہے جس نے ترقی پسند رجحانات ونظریات کو شائع کرنے میں پیش پیش رہا اور یہ ترقی پسند ادب کا ترجمان تھا اس کے موسس اردو کے مشہور شاعر علامہ حیرت بدایونی تھے اور یہ ماہنامہ انجمن عوامی مصنفین کا ترجمان تھا۔جس کا مقصد ادب میں اردو ترقی پسند صالح وسائنٹفک نقطہ نظر کو اپنانا تھا اور ادب میں انفرادیت پسندی ابہام پرستی اور ہیت پر ملتی رجحانات کے خلاف جدوجہد کرنا تھا۔''چراغ'' بلاشبہ ترقی پسند ادب کا ترجمان تھا۔لیکن اس میں جدید شعراء کی تخلیقات کو شائع کیا جاتا رہا۔اور انجمن عوامی مصنفین حیدرآباد کے ممبروں کے مضامین کہانیوں اور نظموں وغیرہ کو بھی شائع کیا جاتا تھا۔''چراغ'' کی اجرائی 1951ء میں عمل میں آئی اور یہ بہ اہتمام سید عظمت اللہ ایڈیٹر، پرنٹر، پبلیشر ز اسلامی پریس بازار نورالامراء میں طبع ہوکر دفتر ولایت منزل ہنومان ٹیکری حیدرآباد دکن سے شائع ہوا کرتا تھا۔''چراغ'' کی مجلس ادارت میں سلیمان اریب، سرینواس لاہوٹی، احمد علی علوی، جیلانی بانو شامل تھے۔''پہلی بات''عنوان سے اداریے لکھے جاتے رہے جس میں ترقی پسند تحریک اور مصنفین کے مسائل پر روشنی ڈالی جاتی رہی۔اس ماہ نامہ میں شعراء وادیبوں کے خطوط کو بھی شائع کیا جاتا رہا۔ان خطوط میں بہت کم ادبی اہمیت کے حامل ہوا کرتے تھے۔''چراغ'' کے مارچ 1952ء کے شمارہ میں فیض احمد فیض کی تازہ نظم ''حلقہ زنجیر'' کے عنوان سے شائع کی گئی جو انہوں نے حیدرآباد (سندھ) جیل میں کہی تھی جس کے دوشعر پیش کئے جارہے ہیں

متاعِ لوح وقلم چھن گئی تو کیا غم ہے — کہ خونِ دل میں ڈبولی ہیں انگلیاں میں نے
زباں پہ مہر لگی ہے تو کیا کہ رکھدی ہے — ہر اک حلقہ زنجیر میں زباں میں نے

’’چراغ‘‘ میں مضامین ،منظومات ،افسانے ،خاکے ،طنز ومزاح ،فلم اسٹیج ،مطالعے ،دائیں ،انتظار یہ عنوان کے تحت مضامین ترتیب دیئے جاتے رہے۔’’چراغ‘‘ کے قلمی معاونین میں سجاد ظہیر، پرکاش چندر گپت، حسینی شاہد، لبھو رام عرش ملسیانی ،فیض احمد فیض، پرویز شاہدی، تیغ الہ آبادی، راہی، معصوم رضا، وحید اختر، قتیل شفائی ،لطیف ساجد، خلیل الرحمٰن اعظمی، رضیہ سجاد ظہیر، نجمہ نکہت ،احمد مکی، جیلانی بانو، محافظ الدین حیدر، کرشن چندر، علامہ حیرت بدیوانی ،شاہد صدیقی ،بلراج کومل ،سردار الہام جیسے بلند پایہ ترقی پسند شعراء وادیبوں کا تعاون حاصل تھا۔ چند سال کے بعد نا مساعد حالات کی وجہ سے ’’چراغ‘‘ کی اشاعت موقوف ہوگئی۔

سیوا:۔ اس کا پہلا شمارہ جنوری 1953ء میں شائع ہوا۔ جناب غیاث صدیقی نے اول تا آخر اس رسالہ کی ادارت کے فرائض انجام دیتے رہے۔ اس کی مجلس ادارت کے اراکین میں پروفیسر عبدالمجید، پروفیسر عبدالقادر سروری، نورالحسن، جہاں بانو نقوی شامل تھے۔ اس رسالہ کا مقصد طلباء برادری کے رجحانات کو سماجی خدمات کی طرف راغب کروانا تھا۔ اس کے علاوہ یہ صحت مند ادب کو پھیلانے کی کوشش بھی کرتا رہا۔ سیوا کے کچھ صفحات مستقل طور پر ’’انڈین کانفرنس آف سوشل ورک‘‘ کی سرگرمیوں کے لئے مختص کردئے گئے تھے۔ اس رسالہ کی خاص خوبی یہ تھی کہ اس میں ذیلی عنوان کے تحت مختلف ادیب شاعر نقاد کی تخلیقات کو شائع کیا جاتا رہا۔ جس میں ’’گلستان ادب‘‘ کے تحت فلسفہ ونفسیات اور ادب وعمرانیات پر مبنی مضامین اور ’’حصہ تکلم وترنم‘‘ کے تحت منظومات شائع کی جاتی رہیں۔ آخر کار یہ رسالہ چند سال تک زندہ رہنے کے بعد اردو ہندی کے جھگڑے میں دم توڑ دیا۔ اس دور میں ایک تصور یہ عام ہوگیا تھا کہ اردو رسالوں کو ہندی نام کیوں دئے جائیں چنانچہ ’’سیوا‘‘ بھی اس افراتفری کا شکار ہوگیا۔

صبا:۔ اردو ادب میں ترقی پسندی کا دور 1936ء سے شروع ہوتا ہے اسی کے ساتھ ہی ادب میں نئے افکار اور تصورات پیدا ہونے لگے۔ چنانچہ حیدرآباد میں بھی ادیب شعراء نے اپنے آپ کو ترقی پسند تحریک سے وابستہ کرلیا۔ حیدرآباد میں 1948ء سے پہلے ہی انجمن ترقی پسند مصنفین کا قیام عمل میں لایا گیا اس انجمن کے قیام کے سلسلہ میں جناب عابد علی خاں اور مخدوم پیش پیش رہے ہیں۔ ’’صبا‘‘ بلاشبہ روز اول سے آخر تک ترقی پسند

ادب کا ترجمان تھا۔لیکن روایت سے بغاوت کا مجرمانہ رجحان اتنی شدت سے یہاں موجودنہیں تھا۔ جتنا دوسرے ترقی پسند رسائل کا ہوا کرتا تھا۔ ترقی پسند تحریک کی بقاء وترقی میں ''صبا'' نے جو کارہائے نمایاں خدمات انجام دیئے ہیں وہ ناقابل فراموش ہیں کیونکہ آج بھی یہ رسالہ کے طور پرنہیں بلکہ ترقی پسند تحریک کے نام سے یاد کیا جاتا ہے۔''صبا'' کے پہلے شمارہ کی اجرائی جون 1955ء میں عمل میں آئی۔ سلیمان اریب جوترقی پسند ادیب شاعر اور تحریک کے روح رواں تھےاس کی ادارت کے فرائض تازیست انجام دیتے رہے۔''صبا'' کی مجلس مشاورت میں حبیب الرحمٰن، فضل الرحمٰن، ڈاکٹر طاہر علی خاں مسلم، رائے جانکی پرشاد، سید محمد، رضیہ بیگم، محمد کلیم اللہ، عالم خوندمیری ،ڈاکٹر حفیظ قتیل، پنڈت سری رام شرما، سرینواس لاہوٹی، رشید الدین خاں، دلاور علی خاں اور میر عابد علی خاں (خازن) شامل تھے۔''صبا'' کے دوسرے شمارے میں جو جولائی اگست 1955ء میں انجمن ترقی پسند مصنفین کے مستقبل کے بارے میں بحث شائع ہوئی تھی۔اس بحث کا آغاز عالم خوندمیری کے مضمون سے ہوا۔ جو ''ترقی پسند مصنفین کی تنظیم کا مستقبل'' کے عنوان سے انجمن عوامی مصنفین کے ہفتہ وار جلسہ میں پڑھا گیا تھا۔اس بحث میں عالم خوندمیری کے علاوہ امجد یوسف ذئی شاہد صدیقی، ڈاکٹر مسعود حسین خان، نارائن شرما، حسینی شاہد، سلیمان اریب، سردار سلیم، رئیس الدین فریدی اور حامد قادری وسردار جعفری نے حصہ لیا۔ترقی پسند مصنفین کی تنظیم کا مستقبل کی بحث میں حصہ لینے والے شاہد صدیقی نے اس طرح سے اظہار فرمایا''اس تحریک کی تنظیم کو برقرار رکھنا چاہیئے لیکن وہ اس کی ازسرنو تنظیم کے مخالف تھے۔'' پروفیسر عالم خوندمیری نے کہا کہ''اب انجمن کا تاریخی رول ختم ہو چکا ہےاس لئے اسے ختم ہونا چاہیئے۔'''' صبا'' کی ایک خاص خوبی یہ ہے کہ اس کے اداریوں میں ترقی پسند تحریک اور ترقی پسند مصنفین کی تنظیم کے مسئلہ اور اردو زبان کے رسم الخط پر روشنی ڈالی جاتی رہی۔ یہ اس عہد کا نزاعی مسئلہ بھی تھا۔دوسرے معاصر رسالوں نے اس طرح کی بحث کو اپنایا۔ چنانچہ''اردو زبان کا رسم الخط'' کے زیر عنوان سمپوزیم کی اشاعت (مئی 1956ء) کے شمارہ میں عمل میں آئی۔جس کو جناب مغنی تبسم نے ترتیب دیا تھا۔ اس سمپوزیم میں حصہ لینے والوں میں پروفیسر عبدالقادر سروری، ہارون خان شیروانی، نورالحسن، عالم خوندمیری، یوسف حسین خاں، ڈاکٹر راج بہادر گوڑ، حسینی شاہد شامل تھے۔1956ء نومبر''صبا'' نے اردو کانفرنس نمبر شائع

کیا۔اس میں نومبر 1956ء میں حیدرآباد میں منعقدہ کانفرنس کی مکمل رپورٹ شائع کی گئی۔اس کانفرنس کی معتمد زینت ساجدہ اور معتمد عمومی حبیب الرحمٰن تھے۔اس کانفرنس کی وجہ سے اردوزبان کے موقف کو سمجھنے میں کافی مدد ملی اور اردوزبان کے تحفظ وترقی کیلئے مستقبل میں امکانات کا جائزہ لیا گیا۔''صبا'' نے جہاں ادبی اور لسانی اعتبار سے اردو زبان وادب کی خدمت انجام دی ہے وہیں قومی یکجہتی کی تحریک کو آگے بڑھانے میں کافی تعاون کیا۔ 1857ء کے زیرعنوان جلد۳، شمارہ ۸۔۹ میں مضامین پیش کیے گئے۔گوپی چند نارنگ،نصیرالدین ہاشمی،عزیز قیسی،اورحسن نعیم کے مضامین اس شمارہ میں شامل تھے۔خود کشمیر نمبر جلد۱۰،نمبر۱۰،۱۱قومی رجحانات کا حامل ہونے کے ساتھ ساتھ دفاعی نوعیت رکھتا ہے۔ان خاص نمبرات کے علاوہ''صبا'' نے علی اختر نمبر،شبلی نمبر جلد۴ شمارہ۱۔۲، ابوالکلام آزاد نمبر اور مخدوم نمبر جلد۱۱،شمارہ ۱۲،۱۱،۱۰ شائع کیے ہیں۔ غالب نمبر اگست 1969 جلد۱۵،شمارہ ۲ تا۸ جنوری 1969 میں 1968ء کی منتخب شاعری نمبر جلد 14،شمارہ نمبر۱۱۔''صبا'' نے 1966ء اکتوبر،نومبر ،ڈسمبر کو مخدوم نمبر شائع کیا۔جس کا جلد نمبر۱۱،شمارہ نمبر۱۰،۱۱،۱۲ تھا اس میں اردو کے انقلابی وترقی پسند شاعر جناب مخدوم کی شخصیت شاعروفن پر مشتمل مضامین شائع ہوئے۔صباء میں مختلف ذیلی عنوانات کے تحت مخدوم پر مضامین شائع ہوئے۔جس میں''مخدوم بہ یک نظر''عنوان کے تحت ان کی زندگی شخصیت اورفن پر مقالہ شائع کیا گیا ۔''مخدوم نامہ'' کے تحت ان کی شخصیت اورفن پر شائع شدہ اہم تذکروں،تبصروں اور مضامین کو یکجا کرکے شائع کیا گیا۔''صدائے تیشہ'' کے تحت مخدوم محی الدین کے فکروفن پر خامہ فرسائی کی گئی تھی۔''ذکر یار چلے'' کے تحت مخدوم پر تاثرات اور ان کی حیات شخصیت کے مختلف پہلوؤں کو پیش کیا گیا تھا۔''جب بھی کسی محفل میں تری بات چلی ہے'''''تاثرات'''''پیاراشاعر'' اور''دھنک'' کے تحت ان سے لئے گئے انٹرویو کو شائع کیا گیا۔''پیمان وفا''عنوان کے تحت ان پر منظومات لکھے گئے۔ان میں تمکین سرمست،عزیز قیسی،وقارخلیل وغیرہ قابل ذکر ہیں۔ ''گنج گراں مایہ'' کے تحت ان کا شعری کلام اور نثری تخلیقات کو شامل کیا گیا۔ یہ خاص مخدوم نمبر ادبی دستاویز کی حیثیت رکھتا ہے جو مخدوم کے مطالعہ اور مخدوم کے اسکالرز مفید وکارآمد ہوگا۔یہ خاص نمبر جملہ ۴۰۰ صفحات پر مشتمل تھا۔''صبا'' نے مختلف عنوانات سے نئے کالم شروع کیے تھے۔''سخن گسترانہ بات'' جو 1957ء سے شروع کیا گیا

تھا۔اس میں نئے تازہ تخلیقات پر تنقیدیں شائع کی جاتی رہی۔اس کا دوسرا کالم ’’گاہے گاہے بازخواں‘‘ تھا جس میں شعراء کے حالات اورنمونہ کلام کو پیش کیا جاتا رہا۔’’یادرفتگاں‘‘ عنوان کے تحت مرحوم شعراء وادیب وانشاء پرداز کے کارناموں پر اظہار خیال کیا جاتا تھا۔’’جان پہچان‘‘ کے تحت صبا نے اپنے قلمی معاونین کا تعارف کرواتا رہا۔ ان کالموں وعنوانات کے علاوہ ’’صبا‘‘ میں ایک دوسرے کی تخلیقات پر تنقیدوں کا سلسلہ شائع کیا گیا تھا۔ چنانچہ اس میں جعفرعلی خاں اثرلکھنوی اور فراق گورکھپوری کی شعری تنقیدیں اورنثری تنقیدیں شائع ہوتی رہیں۔اس سلسلہ میں ’’صبا‘‘ کے جون جولائی 1957ء کے شمارے میں فرق گورکھپوری کی تنقید جواثرلکھنوی کی غزل پر کی گئی تھی وہ اس طرح سے ہے’’ان کی غزل میں نہ جوش بیان، زورکلام، کہیں نرمی نہ گھلاوٹ نہ آنسوؤں کی تھرتھراہٹ نہ نشاط کی مسکراہٹ نہ رنگینی نہ شگفتگی نہ غنائی عناصر نہ احساس لامحدود نہ رمزیت، نہ فضاء آفرینی نہ خیروبرکت کے عناصر، نہ آفاقی ادب کی آواز بازگشت لہجے میں تہہ داری نہ سپردگی اس کلام بے روح میں نہ نفسیاتی نکات نہ حیرت واستعجاب نہ انفرادیت نہ طہارت نہ بلندی نہ گہرائی نہ ہمہ گیری، نہ سوز وگداز وتاثر نہ نادر نازک تشبیہیں واستعارے نہ جادوبیانی نہ تالیف قلب کا کوئی سامان نہ اظہار شخصیت نہ وجدآفرینی نہ نمکین نہ حلاوت نہ دل گرفتگی نہ جاذبیت نہ حسن تعبیر نہ لہجے کی بے اختیاری نہ وہ ملکوتی صفات جن سے انسان کے کلام پر الہام کا گمان ہونے لگتا ہے۔‘‘

اس طرح سے بے لاگ تنقیدوں کا سلسلہ چندشماروں تک جاری رہا۔بعدمیں ادبی حلقوں سے اس قسم کی تنقیدوں پر مخالفت ہوتی رہی چنانچہ اس سلسلہ کو ترک کردینا پڑا۔’’صبا‘‘ کے قلمی معاونین میں اردوادب کے بلند پایہ ترقی پسند مضمون نگاروں شعراء وافسانہ نویس اور ڈرامہ نگار شامل تھے مضمون نگاروں میں ڈاکٹر زور، پروفیسرعبدالقادرسروری، ڈاکٹر طاہرعلی خاں مسلم، ڈاکٹر حفیظ قتیل، فضل الرحمٰن، جاوید لطیفی، خواجہ احمدعباس، رامانندساگر، اسلوب احمدانصاری، سرینواس لاہوتی، زینت ساجدہ، خواجہ حمیدالدین شاہد، سردارجعفری، سید محمدعقیل، ظ انصاری، وارث علوی، سجادظہیر، پروفیسر احتشام حسین، ہارون خاں شیروانی، راج بہادرگوڑ، آل احمدسرور، وحیداختر تمکین کاظمی، پروفیسرصدیق احمدمجنوں گورکھپوری، وغیرہ شامل تھے۔شعراء میں کیفی اعظمی، شفیق

فاطمہ شعراء ، زبیر رضوی، اثر لکھنوی، مجنوں گورکھپوری، فراق گورکھپوری، وامق جونپوری، تیغ الہ آبادی، محمد علوی، اختر سعید، بشر نواز، راشد آذر، لطیف ساجد، عزیز قیسی، سلام مچھلی شہری، خلیل الرحمٰن آعظمی، شاذ تمکنت، قاضی سلیم، حمید الماس، آنند نرائن ملا، ظہیر کاشمری، نظر حیدر آبادی، متین سروش، خیرات ندیم، مجیب خیر آبادی، تمکین سرمست، کنول پرشاد کنول، شاد عارفی، راہی معصوم رضا، غلام ربانی تاباں، مظہر امام، قتیل شفائی، بلراج کومل، نریش کمار شاد، خورشید احمد جامی، مغنی تبسم مخدوم، جگر مراد آبادی، احمد ندیم قاسمی، ساغر نظامی، جاں نثار اختر، جگن ناتھ آزاد، انور معظم، سردار الہام، غیاث صدیقی، سجاد ظہیر، اختر الایمان وغیرہ شامل تھے۔ افسانہ نگار اور ڈرامہ نگار و طنز نگاروں میں امرت رائے ، جیلانی بانو، ل احمد، کرتار سنگھ دگل، اقبال متین، ہربش سنگھ کشمری لال ذاکر، رضیہ بیگم، عصمت چغتائی، رام لعل، خلش جعفری، واجدہ تبسم، ہنس راج رہبر، ابراہیم شفیق، حفیظ قیصر، قاضی عبدالغفار، آمنہ ابوالحسن وغیرہ شامل تھے۔ اس طرح سے ''صبا'' اردو زبان وادب اور ترقی پسند تحریک کی لگ بھگ پندرہ سال تک خدمت انجام دیا۔ ستمبر 1970ء میں سلیمان اریب کے انتقال کی وجہ سے اس کی اشاعت موقوف ہوگئی۔ لیکن ان کی اہلیہ صفیہ اریب جو خود بھی اچھی ادیبہ اور افسانہ نگار ہیں صباء کو دوبارہ جاری رکھنے کی کوشش کی لیکن ان کی ادارت میں صبا کے دو شمارے شائع ہو سکے بعد میں یہ رسالہ بند ہو گیا۔ صباء کے خاص نمبرات یہ ہیں۔

سالگرہ نمبر جلد ۶ شمارہ 6-5 مئی جون 1960ء صفحات 132، آزادی نمبر جلد۶ شمارہ 8-7 جولائی اگست 1960ء صفحات 124، جمہوریت نمبر جنوری فروری 1960ء جلد ۶ شمارہ ۱،۲ صفحات 104، قومی یکجہتی نمبر جلد ۹ شمارہ 8-7 جولائی اگست 1963ء صفحات 112، نہرو نمبر جلد ۱۰ شمارہ ۷ جولائی 1964ء صفحات 88، کشمیر نمبر جلد ۱۰ شمارہ ۱۱،۱۲ 1965ء صفحات 140ء، مخدوم نمبر جلد ۱۱ شمارہ 12-11-10 اکتوبر نومبر ڈسمبر 1966ء صفحات 400، 1968ء کی منتخب شاعری نمبر جلد ۱۴ شمارہ ا جنوری 1969ء صفحات 128، غالب نمبر جلد ۱۵ شمارہ ۲ تا ۸ اگست 1969ء صفحات 112، صباء کا خاص نمبر جلد ۲ شمارہ ۲ تا ۴ فروری تا اپریل 1956ء صفحات 216۔

عکس:۔ عکس 1952ء میں محمودہ یاسمین کی ادارت میں گوشہ محل سے جاری ہوا تھا۔ ''سیوا'' ہی کی طرح یہ بھی نئے ادب کا ترجمان تھا۔ محمودہ یاسمین خود بھی اپنے دور کی اچھی افسانہ نگار تھیں۔ اس لئے عکس کو بھی

افسانہ کے ارتقاء کے لئے وقف کر دیا تھا۔قدیرظفر کی معاونت حاصل تھی ۔قدیرظفرمحمودہ کے بھائی ہیں نامساعد حالات کی وجہ سے عکس زیادہ عرصہ تک جاری نہ رہ سکاان ہی ناگفتہ بہ حالات ہی نےمحمودہ یاسمین کی زندگی کوایک افسانہ بنادیاہےافسانہ نگاری کوانہوں نے اب ترک کردیاہےاوراب پالی ٹکنیک کالج میں کام کرتی ہیں۔

مکاتیب ڈائجسٹ:۔جناب وسیم اختر کی ادارت میں 1968ء میں سکندرآباد سے شائع ہوا کرتا تھا۔ہماڈائجسٹ سائز پرطبع ہوتا تھا۔اس میں بھی ملک وبیرون ملک کے بلند پایہ شعراء وادیب کی تخلیقات شائع ہوتی تھیں۔اس کے چھ یا سات شمارے شائع ہوئے آخرکارمالی بحران کی وجہ سےاس کی اشاعت موقوف ہوگئی۔

زعیم:۔زعیم 1967ءمیں شائع ہوا کرتا تھا یہ ماہ نامہ تقریباًدو یا تین سال تک جاری رہا۔ادب اورفلم کاترجمان رسالہ تھا۔اس میں بھی ملک کے بلند پایہ ادیب وشعراء کی تخلیقات شائع ہوتی تھیں۔نامساعد حالات کی وجہ سے بند ہوگیا۔

آندھراپردیش:۔نومبر 1956ءمیں لسانی بنیادوں پرریاست آندھراپردیش کی تشکیل کے ساتھ ہی ملک کی تین زبانوں میں (ہندی،تلگو،انگریزی) میں محکمہ اطلاعات وتعلقات عامہ حیدرآباد حکومت آندھراپردیش کی جانب سے''آندھراپردیش'' کی اجرائی عمل میں آئی۔لیکن اس کے اڈیشن (اردو) کونظرانداز کردیا گیا تھا۔ نریندرلوتھرآئی اے ایس جواردودوست اردونواز اوراردوادب کے طنزومزاح شاعروادیب بھی ہیں ان کی کوششوں کاوشوں سے نومبر 1957ءکواس کا اردواڈیشن بھی شائع کیا گیا ہے۔اس رسالہ کی اجرائی کا مقصد ریاست آندھراپردیش کی تہذیب وتمدن،تاریخ ومعیشت علم وادب اورقومی تعمیری سرگرمیوں کی نشرواشاعت تھا۔ ابتداءمیں''آندھراپردیش'' کی حیثیت سے صرف سرکاری گزٹ اورسرکاری سرگرمیوں کے ایک کتابچہ جیسی تھی۔ رفتہ رفتہ یہ ادبی وعلمی تہذیبی میگزین کی شکل اختیار کرتا گیا۔اس رسالہ کےایڈیٹرکاانتخاب سرکاری جانب سے ہوتا تھا۔اس کی ادارت کے فرائض انجام دینے والوں میں کنول پرشادکنول،اخترحسن،ٹی رام چندرراؤ شامل تھے۔ آج کل پی وی آر کے پرسادمدیراعلیٰ اورایڈیٹرملک محمدعلی خاں کی ادارت میں شائع ہوتا ہےلیکن مدیرملک محمدعلی خاں نے حال ہی میں چندناگزیرحالات کی وجہ سےاس کی ادارت سے استعفیٰ دے دیا۔''آندھراپردیش'' کے

1960ء تا1964ء کا دور ادبی اعتبار سے شاندار رہا اس دوران اس کو اردو ادب کے بلند پایہ ادیب وشاعروں کا تعاون حاصل رہا۔ اس کے بعد اس میں ادبی مضامین کو بہت کم جگہ فراہم کی جاتی رہی۔ اس رسالہ کو جن بلند پایہ ادیبوں اور شاعروں کا تعاون حاصل رہا ان میں تمکین کاظمی، ساغر نظامی، شاہد صدیقی، سلام مچھلی شہری، نثار احمد فاروقی، اقبال متین، نظر حیدر آبادی، علامہ حیرت بدایونی، بھارت چند کھنہ، شاذ تمکنت، مخدوم محی الدین، اعجاز صدیقی اوج یعقوبی شامل تھے۔ آج کل اس میں ریاست کی ترقی اور نظم ونسق دیہاتی اور ذراعتی سرگرمیوں پر مبنی مضامین شائع ہورہے ہیں اور اس کے ادبی حصہ کو ندارد کر دیا گیا ہے۔ سرکاری سرپرستی حاصل ہونے کے باوجود اس کے اردو ایڈیشن کی گٹ اپ اور کتابت وطباعت ''آج کل'' دہلی اور ''نیا دور'' لکھنو سے بہت ناقص اور بہت پیچھے ہے حالانکہ ''آندھرا پردیش'' کو سرکاری رسالہ ہونے کی حیثیت سے ہر قسم کی سہولتیں حاصل ہیں۔ (آج کل یہ ماہنامہ سی پارتھ سارتھی آئی اے ایس اسپیشل کمشنر محکمہ اطلاعات وتعلقات عامہ مدیر سید شاہ حبیب الدین قادری ایم اے ایم فل کی ادارت میں شائع ہورہا ہے۔ گٹ اپ سٹ اپ بہت خوب ہے)۔

ماہ نامہ آندھرا پردیش کے خصوصی شمارے

۱۔	فروری	1960ء	غالب نمبر
۲۔	مارچ	1960ء	آزاد نمبر
۳۔	نومبر	1960ء	سال نامہ
۴۔	نومبر	1962ء	سال نامہ
۵۔	نومبر	1981ء	خاص سلور جوبلی نمبر
۶۔	جنوری	1986ء	خصوصی نمبر سال نو
۷۔	مارچ	1979ء	خصوصی شمارہ بچوں کے بین الاقوامی سال
۸۔	مئی جون	1979ء	قومی یک جہتی نمبر 225 صفحات، جلد نمبر 23، شمارہ 8-7
۹۔	اپریل	1981ء	اگادی کا خصوصی نمبر
۱۰۔	اگست	1971ء	آزادی کا خصوصی شمارہ
۱۱۔	ڈسمبر	1971ء	ڈیفنس سپلیمنٹ
۱۲۔	ستمبر	1995ء	یوم خواتین کے موقع پر
۱۳۔	ڈسمبر	1975ء	پنچایتی راج اسپیشل نمبر جلد ۱۹ رشمارہ ۱

رسالہ گونج پر ایک نظر

دکن سے شائع ہونے والے اردو رسائل و جرائد میں نظام آباد سے شائع ہونے والے معتبر ادبی رسالے گونج کا شمار نہایت اہمیت کے حامل جرائد میں ہوتا ہے۔ ۲۲ر فروری ۱۹۷۳ کو گونج کا اجراء ایک ہفتہ وار اخبار کی شکل میں عمل میں آیا۔ جو ۴ر اکروان سائز کے ۴ صفحات پر مشتمل تھا اس کے پرنٹر پبلشر مالک و مدیر جواں سال شاعر و صحافی جناب جمیل نظام آبادی ہیں ان کے ادبی و صحافتی استاد حضرت مغنی صدیقی مرحوم اس ہفتہ وار کے سرپرست تھے۔ ۱۹۷۵ء میں گونج کے ہر ماہ ادبی ایڈیشن کی اشاعت کا سلسلہ شروع ہوا۔ اس ادبی ایڈیشن میں جو ۸ر صفحات پر مشتمل تھا اضلاع آندھرا پردیش اور قرب و جوار کے قلمکار دھیرے دھیرے اس ادبی ایڈیشن میں شائع ہونے لگے ایک طرح سے یہ اضلاعی قلمکاروں کا ادبی پلیٹ فارم بنتا گیا اور اسے دکن کے قلمکاروں میں بڑی مقبولیت حاصل ہوتی گئی۔ ہر چھوٹا بڑا قلمکار گونج کے ماہانہ ادبی ایڈیشن میں شائع ہونے کو اہمیت دینے لگا۔ لہٰذا اس میں معیاری تخلیقات کی اشاعت کا سلسلہ برسوں سے جاری ہے۔ ۱۹۸۴ء میں حضرت مغنی صدیقی کا انتقال ہوگیا اس کے بعد گونج کی ترتیب و تدوین کی ساری ذمہ داری جناب جمیل نظام آبادی پر آپڑی جسے انہوں نے پوری مستعدی اور لگن سے انجام دے کر گونج کو آج صفحہ اول کا ادبی رسالہ بنانے میں کوئی کسر نہیں چھوڑی۔ ۱۹۹۰ء میں گونج کو ہفتہ وار اخبار کی شکل سے نکال کر ایک رسالہ کی شکل میں لایا گیا۔ ۳۲ر صفحات کے اس مختصر سے ادبی رسالے کی ماہانہ اشاعتوں کے علاوہ اسکے کئی خصوصی شمارے شائع کئے گئے۔

۱۹۹۱ء اور پھر ۱۹۹۲ء میں قاضی مشتاق احمد فن اور شخصیت پر مشتمل دو خاص شمارے شائع ہوئے۔ قاضی مشتاق احمد جو ملک کے نامور افسانہ نگار ہیں انہوں نے گونج کا ایک مستقل ادبی کالم ''یادیں، باتیں اور ملاقاتیں'' لکھنا شروع کیا جو برسوں سے گونج میں پابندی سے شائع ہو رہا ہے۔ اس کے بعد گونج نے سلیم عابدی فن اور شخصیت نمبر، رحیم انور (منی کہانی کار) فن اور شخصیت نمبر شائع کئے۔ مشہور شاعر نظیر علی عدیل (جو گونج کے مستقل قلمکار بھی تھے) کے سانحہ انتقال کے بعد نظیر علی عدیل فن اور شخصیت نمبر شائع ہوا۔ ریاست بھر کے قلمکاروں کی

نعتوں پر مشتمل ایک ضخیم شمارہ ''نعت نمبر'' شائع ہوا۔ پھر غزل نمبر، نظم نمبر، افسانہ نمبر کے نام سے خاص شمارے شائع ہوئے۔ جنہیں بڑی مقبولیت حاصل ہوئی ڈسمبر ۱۹۹۹ء میں ایک ضخیم اور دستاویزی حیثیت کا حامل ایک خاص شمارہ ''یادگار شعر نمبر'' کے نام سے شائع ہوا۔ حضرت گوہر کریمنگری کی شخصیت اور شاعری کے اعتراف میں اگست ۲۰۰۰ء میں ایک خاص شمارہ گوہر کریمنگری فن اور شخصیت نمبر شائع ہوا۔ گونج کا ایک بہت ضخیم اور دستاویزی نوعیت کا حامل شمارہ ''فن اور شخصیت نمبر جنوری ۲۰۰۴ء'' میں شائع ہوا۔ اس ضخیم شمارہ میں ایک سو قلمکاروں کی تصاویر ان کا مکمل تعارف اور ان کی تخلیقات شائع ہوئیں۔ ''دل نمبر'' اور ''نظر نمبر'' کے نام سے دو خاص شمارے مارچ اور اگست ۲۰۰۶ء میں شائع ہوئے ان شماروں دل اور نظر کے عنوان سے اشعار اور مضامین شائع ہوئے جنہیں ادبی حلقوں نے بہت پسند کیا ہے۔ ڈسمبر ۲۰۰۶ء کو ایک اور دستاویزی نوعیت کا یادگار شمارہ پیش لفظ نمبر شائع ہوا۔ اس شمارے میں ریاست کے قلمکاروں کی مطبوعات پر لکھے گئے پیش لفظ شامل کئے گئے یہ شمارہ بھی بہت پسند کیا گیا مشہور مزاحیہ شاعر جناب پاگل عادل آبادی کی حیات ہی میں ان کے فن اور شخصیت اور ان کی ادبی خدمات کے اعتراف میں ایک شمارہ پاگل عادل آبادی فن اور شخصیت نمبر ستمبر ۲۰۰۵ء میں شائع ہوا۔ اسی طرح مئی ۲۰۰۷ء کے شمارہ کو ورنگل کے نامور شاعر جناب انور حیات کے فکر و فن کے اعتراف میں انور حیات فن اور شخصیت نمبر کے نام سے شائع کیا گیا قلمکاروں کے آپسی ربط و تعلق کو مستحکم کرنے کیلئے قلمکاروں کے مستقل پوسٹل ایڈریس اور ٹیلی فون نمبرات پر مشتمل ایک شمارہ ٹیلی فون ڈائرکٹری نمبر مارچ ۲۰۰۸ء کو شائع ہوا یہ سلسلہ یہیں ختم نہیں ہوتا ہے بلکہ رسالہ گونج کی آئندہ اشاعتوں میں اور کئی خصوصی نمبر شائع ہوتے رہیں گے۔

ماہنامہ آب و آتش......نظام آباد

حضرت مغنی صدیقی مرحوم ریاست حیدرآباد کے نامور شاعر و صحافی تھے آپ پولیس ایکشن سے قبل حیدرآباد کی صحافت میں ایک نمایاں مقام رکھتے تھے۔ آپ نے اس زمانہ کی مشہور نیوز ایجنسی ''دکن نیوز سرویس'' میں برسوں کام کیا اور اس ایجنسی کو شہرت کی منزلوں تک پہنچایا تھا۔ آپ حیدرآباد میں اس دور میں روزنامے بھی

شائع کئے اور ہفتہ وار اخبارات بھی۔لیکن پولیس ایکشن کے بعد کا دور اور اردو صحافت کیلئے آزمائشی ثابت ہوا۔ پولیس ایکشن کے بعد مغنی صدیقی حیدرآباد سے نکل کر بمبئی پہنچے۔ چند دن وہاں قیام کے بعد بمبئی سے دل بھر گیا تو دیگر مقامات کی سیاحت کرتے ہوئے ۱۹۶۵ء میں نظام آباد آ گئے اور یہیں مستقل قیام کرتے ہوئے ۱۸/ستمبر ۱۹۸۴ء کو داعی اجل کو لبیک کہا اور نظام آباد ہی میں سپرد خاک ہوئے۔ حضرت مغنی صدیقی اپنے قیام نظام آباد کے دوران میں یہاں سے شائع ہونے والے چند ہفتہ وار اخبارات کے لئے کام کیا۔ یہاں شعری و ادبی سرگرمیاں شروع کیں اور اردو شعر و ادب اور اردو صحافت کے فروغ میں اپنا نمایاں حصہ لیا۔ ۱۹۷۱ء میں آپ نے ایک ادبی ماہنامہ ''آب و آتش'' جاری کیا۔ ۳۲/صفحات پر مشتمل یہ رسالہ اپنی پہلی اشاعت ہی سے ادبی حلقوں میں مشہور ہو گیا۔ مگر حضرت مغنی صدیقی اپنے کم مالی وسائل کی بناء پر اسے زیادہ عرسہ تک جاری نہ رکھ سکے اور یہ اپنی چھ یا سات اشاعتوں کے بعد ہی بند ہو گیا۔

پیکر

اعظم راہی نے مارچ 1958ء میں حیدرآباد سے نوجوانوں کا ایک نئی قدروں والا ماہ نامہ ''پیکر'' جاری کیا۔ اس کے لکھنے والوں نے آگے چل کر ادبی دنیا میں اپنا ایک مخصوص حلقہ بنا لیا تھا جو ''پیکر گروپ'' سے موسوم ہوا۔ ''پیکر'' ایسے زمانہ میں شائع ہوا جبکہ ادبی دنیا میں ترقی پسندی کا بول بالا تھا ایسے میں عصری حیثیت اور ادبی جذبات و احساسات کا احترام اور نئی پرانی قدروں کی پہچان اس نئی نسل کا کارنامہ ہے پیکر کے مضمون نگاروں میں احمد جلیس، رؤف خلش، حسن فرخ، مسعود عابد، ساجد اعظم، غیاث متین، انور رشید، ذکی انور، رفعت صدیقی، عظیم صدیق، انیس قیوم، اعظم ذوالفقار اور رضا الجبار وغیرہ شامل تھے۔ ان نئے لکھنے والوں کے علاوہ ''پیکر'' کو کرشن چندر، راجہ مہدی علی خاں، خورشید احمد جامی، مخدوم، سلیمان اریب، امجد یوسف ذی، مجتبیٰ حسین، حسن الدین احمد، حمید الماس، مظہر امام، مظفر حنفی، شفیق فاطمہ شعری، اکرام جاوید، کیفی اعظمی، شاد عارفی جیسے بلند پایہ شعراء و ادیب کا تعارف حاصل ہوا تھا۔

''پیکر'' نے جون، جولائی، اگست 1971ء کے شماروں میں قسط وار کرشن چندر کا ناولٹ ''ذرا سی لنگڑی'' شائع کیا اس کے علاوہ اس کو جیلانی بانو کی پہلی تخلیق افسانہ ''ایک نظر ادھر بھی'' شائع کرنے کا شرف حاصل ہے۔ ''پیکر'' نامساعد حالات کی وجہ سے 1964ء میں بند ہو چکا تھا لیکن اعظم راہی نے دوبارہ اس کو نئی زندگی بخشی چنانچہ پھر 1971ء میں بڑی آب وتاب کے ساتھ اس کی اشاعت عمل میں آئی جو 1975ء تک شائع ہوتا رہا۔ بعد میں اس کی اشاعت موقوف ہوگئی۔ 1958ء تا 1959ء میں ''پیکر'' بدر افسر کی ادارت میں نکلتا رہا بعد میں یہ صرف اعظم راہی کی ادارت میں شائع ہوتا رہا۔ ''پیکر'' نے حسب ذیل خاص نمبر نکالے ہیں۔ جن میں مختصر کہانی نمبر جو جولائی اگست 1964ء میں شائع ہوا۔ اس نمبر میں حیدرآباد و بیرون حیدرآباد کے جدیدیت پسند شعراء وافسانہ نگار کی تخلیقات شائع کی گئی تھیں۔ اس میں فلمی خبریں اور فلمی تبصرے بھی شامل تھے۔ یہ نمبر 100/ صفحات پر مشتمل تھا۔ ان نمبرات کے علاوہ ''پیکر'' نے ایک سوونیر بھی شائع کیا تھا۔ جو بہت مقبول ہوا۔

''پیکر'' نے ''بت شکن'' کے عنوان سے فروری 1963ء سے ترقی پسندوں کی تخلیقات پر تنقید وتبصرہ شائع کرتا رہا۔ اس عنوان کے تحت اختر الایمان، مجروح، سردار جعفری، ساحر لدھیانوی، شکیل بدایونی پر تنقیدیں تبصرے شائع ہوتے رہے اور اس نئے کالم کا مقصد بھی ادبی حلقوں میں اندھی شخصیت پرستی کے رجحانات کو ختم کروانا تھا۔ اعظم راہی اور ان کے ساتھیوں نے جدید ادب کی جدید قدروں کو فروغ دینے میں نمایاں حصہ ادا کیا۔ ''پیکر'' نوعمر و نئے لکھنے والوں کی ہمت افزائی کرتا رہا اس نے جدید شعراء وافسانہ نگاروں کو روشناس کروانے میں نمایاں کارنامے انجام دیئے ہیں۔ مدیر ''پیکر'' اعظم راہی نے ماہ نامہ ''پیکر'' کے بیس سالہ ریکارڈ سے منتخب انتخاب پیکر مرتب کر کے 18/ اکتوبر 2008ء کو 800 صفحات پر مشتمل انتخاب شائع کیا۔ اس انتخاب کے معاونین میں ساجد اعظم، حسن فرخ، ہادیہ شبنم، رؤف خلش شامل ہیں۔ آج کل پیکر محمد شباہت علی صوفی کی ادارت میں شائع ہو رہا ہے جو جناب شجاعت علی شجیع کے فرزند اکبر ہیں۔

پیکر کے خاص نمبرات یہ ہیں۔ جمہوریت نمبر جنوری فروری 1962ء شمارہ 6-5، پیکر کا خاص نمبر 1963ء شمارہ ۹ صفحات 170، مختصر کہانی نمبر جولائی اگست 1964ء صفحات 96، نومبر 1971ء

رفتارزمانہ

قمر خلیل نائطی کی زیر ادارت 1961ء سے تقریباً چار سال تک شائع ہوتا رہا اس رسالے میں نئے اور پرانے سب ہی موضوعات پر مضامین شائع ہوتے رہے اگست 1964ء میں اس رسالہ کا دین یار جنگ نمبر شائع ہوا جو تاریخی دستاویز کی سی اہمیت رکھتا ہے اس نمبر میں دین یار جنگ کی زندگی کے مختلف پہلوؤں پر قلم اٹھایا گیا۔

خاتون دکن

صالحہ الطاف کی ادارت میں اختر محبوب، صبیحہ سعید، رخشاں تحسین، عذرا سعید، صلاح الدین نیر کے تعاون سے نومبر 1962ء میں شائع ہوا۔ اس پرچہ کی مصوری میں ممتاز مصورہ عذرا سعید کا عمل تھا۔ خاتون دکن ترقی پسند رجحانات کا حامل تھا۔ لیکن اس کے برعکس یہ پرچہ کلاسیکی اقدار سے بھی ہمیشہ وابستہ رہا۔ اس میں ایسے جدید و نئے لکھنے والوں کی بھی تخلیقات شائع ہوتی رہیں جن کی تخلیقات میں زندگی کی مثبت اقدار کی پاسداری ہو۔ اس طرح سے اس کو ہندوستان کے ممتاز شاعر و ادیب کا قلمی تعاون حاصل رہا۔ اس کے قلمی معاونین میں معین احسن جذبی، پروفیسر حکیم یوسف حسین خاں، سید حرمت الاکرام، خورشید احمد جامی، اوج یعقوبی، شفیق بھوپالی، ڈاکٹر سیدہ جعفر، مغنی تبسم، جگن ناتھ آزاد، بانو طاہرہ سعید، خدیجہ مستور، فضا ابن فیضی، فیضی نظام پوری جیسے شعراء ادیب و نقادوں کا تعاون حاصل تھا۔

''خاتون دکن'' کا سال میں ایک بار سالنامہ بھی شائع ہوا کرتا تھا۔ جس میں ہندوستان اور پاکستان کے شاعر و ادیب کا کلام شائع کیا جاتا تھا۔ جو کم از کم 96 صفحات پر مشتمل ہوتا تھا۔ اس کا غزل نمبر بے حد مقبول ہوا۔ خاتون دکن مئی 1963ء کے شمارہ میں ڈاکٹر سیدہ جعفر نے اپنے مضمون ''علامہ راشد الخیری کے ناولوں میں عورت کا کردار'' پر علامہ راشد الخیری کے ناولوں کا تجزیہ کرتے کہا ہے کہ ''راشد الخیری کے ناولوں میں عورت اکثر ابتداء سے انتہا مریم نظر آتی ہے کہیں ذلیخا دکھائی نہیں دیتی یعنی ان کی نظر عورت کی فطرت کے ایک ہی رنگ ایک ہی جلوے اور ایک ہی جہت پر ہوتی ہے وہ کردار کو نشو و نما پاتے نئے روپ دھارتے بنتے اور سنورتے اور زندگی

کے ترنم پر رقص کرتے ہوئے نہیں دکھا سکتے۔ یہی وجہ ہے کہ راشد الخیری کے یہاں عورت کے کردار میں ایک جمود یکسانیت اور یک رنگی ملتی ہے اس کے باوجود ہم اس سے انکار نہیں کر سکتے کہ راشد الخیری نے اپنے ناولوں میں عورت کے کردار کو پیش کرتے ہوئے اکثر بڑی صداقت اور واقفیت سے کام لیا ہے۔ ''خاتون دکن'' میں نقش اول کے عنوان سے مستقل اداریے لکھے جاتے رہے ان میں اردو زبان اور ادب کے مسائل پر روشنی ڈالی جاتی رہی۔ اس کے کالم بھی بہت مشہور ہوئے۔ ''آواز جرس'' کے تحت قارئین کی آراء خطوط کو شائع کیا جاتا رہا۔ ''عکس جمیل'' اور ''چند تصویر بتاں'' کالم ادبی ہونے کے علاوہ بڑے روح پرور ہوتے تھے۔ اس طرح معیاری ادب کا یہ رسالہ تقریباً تین سال تک اردو زبان و ادب کی خدمات انجام دینے کے بعد مالی بحران کی وجہ سے اس کی شاعت موقوف ہوگئی۔ خاتون دکن کے سالنامے یہ ہیں۔

سالنامہ	جلد۳ شمارہ ۱۰	اکتوبر نمبر 1963ء صفحات 96
سالنامہ	جلد۴ شمارہ ۱۱۔۱۲	نومبر ڈسمبر 1965ء صفحات 96
سالنامہ	جلد۵ نمبر 11-10	اکتوبر نومبر 1966 صفحات 96
سالنامہ	جلد۶ نمبر 12-11-10	اکتوبر نومبر ڈسمبر 1967ء صفحات 96

قلم کار

''قلم کار'' مغل اکیڈیمی کی جانب سے احمدی بیگم کی ادارت میں فروری 1963ء میں نیشنل فائن پرنٹنگ پریس چار کمان حیدرآباد دکن میں طبع ہو کر مہندی محبوب سے شائع ہوتا تھا۔ اس پرچہ کے مجلس مشاورت کے اراکین میں پروفیسر ابوظفر عبدالواحد رفیعہ سلطانہ، جہاں بانو نقوی، راجہ رتنا ریڈی، حکیم تیموری، خاور نوری اور سید مہدی حسین شامل تھے اور شرکاء میں اشرف رفیع اور زینب فیض الدین تھے۔ ''قلم کار'' کے اداریے ''سوجھ بوجھ'' کے مستقل عنوان سے لکھے جاتے رہے۔ ان اداریوں میں اردو زبان کی ترقی اور مستقبل کے بارے میں روشنی ڈالی جاتی رہی ایک اداریہ کا اقتباس اس طرح سے لکھا گیا ''اس وقت صورتحال یہ ہے کہ وہ لوگ بھی جن کی

مادری زبان اردو ہے اپنی زبان سے اغماض برت رہے ہیں بعض ارباب نظر کے اندازے کے مطابق اردو زبان جاننے والوں کا دائرہ تنگ ہوتا جارہا ہے کیونکہ نئی نسل کی تعلیم انگریزی، ہندی، یا تلگو زبانوں میں ہورہی ہے یہ واقیفیت واقعی ایک حزنیہ ہے ضرورت اس بات کی ہے کہ نئی نسل کو اردو زبان میں تعلیم دلانے پر راغب کرنے کی مہم چلائی جائے۔'' ''قلم کار'' کلاسیکی اقدار کے ساتھ ساتھ ترقی پسندی کی صحت مند رجحانات کا حامل تھا۔ اس کو ابتداء ہی سے ملک و بیرون ملک کے شعراء وادیب کا تعاون حاصل رہا۔ مغل اکیڈیمی کا یہ ترجمان تقریباً تین یا چار سال تک اردو زبان وادب کی خدمت انجام دیتا رہا۔ بعد میں چند ناگزیر حالات کی وجہ سے بند ہوگیا۔ اس پرچہ کے ادبی معیار کا اندازہ اس کے قلمی معاونین سے آسانی سے ہوسکتا ہے اس کے قلمی معاونین میں پروفیسر ابوظفر عبدالواحد، سید مہدی حسین، علامہ نیاز فتح پوری، احمد مکی، جہاں بانو نقوی، بھارت چند کھنہ، اظہر افسر، علامہ نجم افندی، خاور نوری، خورشید احمد جامی، اوج یعقوبی، کوثر چاند پوری، راجہ مہدی علی خاں، مغنی تبسم، طالب رزاقی، اکرام جاوید، ڈاکٹر خواجہ احمد فاروقی، فضا ابن فیضی، فیضی نظام پوری وغیرہ شامل تھے۔ اکتوبر نومبر 1964ء میں خصوصی نمبر شخصیت اورفن طنز و مزاح وانشائیہ نقد و نظر شائع ہوئے۔ ڈسمبر جنوری 1966ء میں خصوصی افسانہ نمبر شائع ہوا۔

قومی زبان

یہ رسالہ 1963ء میں جناب چندر سریواستو صاحب کی ادارت میں انجمن تحفظ اردو آندھرا پردیش کی جانب سے شائع کیا جاتا تھا۔ اور یہ برصغیر میں کافی مقبول ہوچکا تھا۔ لیکن ایڈیٹر کی دیگر مصروفیات کی وجہ سے اس کی اشاعت مسدود کردی گئی تھی بعد میں اس کی اشاعت کی ذمہ داری اردو اکیڈیمی آندھرا پردیش کے تفویض کی گئی یہ ابتداء میں اردو اکیڈیمی کی جانب سے خبر نامہ کے طور پر شائع ہوتا رہا۔ اس میں اردو اکیڈیمی کی سرگرمیوں سے متعلق سیاسی ادبی واقعات شائع کئے جاتے رہے یہ سلسلہ 1979ء سے مئی 1981ء تک رہا۔ اس کے بعد اس کو باقاعدہ ادبی جریدے کے طور پر جون 1981ء سے شائع کیا جانے لگا۔ اس کے پہلے شمارہ کے ایڈیٹر

جناب چندر سریواستو تھے اوراس کے سرپرست مولانا حافظ ابو یوسف تھے اس کی ایک مجلس مشاورت بھی تشکیل دی گئی۔ جس میں حسینی شاہد، اعجاز قریشی، اکرام جاوید، اختر حسن شامل تھے۔قومی زبان بھی اردو ادب کا ترجمان تھا۔اس میں ادبی موضوعات کے علاوہ قومی یکجہتی اور سیاسی سرگرمیوں پر مبنی مضامین بھی شائع کیے جاتے رہے۔ قومی زبان کے اداریوں میں اقلیتی کمیشن، آندھراپردیش میں اردو کا قانونی موقف اور سیاسی و ادبی مسائل پر ''حرف آغاز'' مستقل عنوان کے تحت روشنی ڈالی جاتی رہی۔قومی زبان کی ایک خوبی یہ ہے کہ اس میں دوسرے معاصرادبی رسائل کی طرح اردو کے بلند پایہ ونامور ادیب شعراء محقق کا تعارف حاصل رہا۔جن میں ڈاکٹر زینت ساجدہ، اکرام جاوید، اوج یعقوبی، سلیمان اریب، عزیز قیسی، شمس الرحمٰن فاروقی، اختر حسن، ڈاکٹر محمد افضل الدین اقبال، ڈاکٹر رفیعہ سلطانہ وغیرہ شامل تھے۔شفیعہ قادری اپنے مقالہ میں رسالہ ''قومی زبان'' کے متعلق اس طرح بیان کیا ہے کہ ''قومی زبان کے نام سے اردو اکیڈیمی کی سرگرمیوں پر مبنی رسالہ جنوری 1981ء سے جاری کیا گیا ڈائرکٹر اردو اکیڈیمی مسٹر چندر سریواستو کے بیان کے مطابق اس ماہنامہ میں جہاں شعر وادب کو نمائندگی حاصل رہے گی وہاں تہذیبی شناخت اور انفرادیت کی بقاء وتحفظ سے متعلق دیگر تمام پہلوؤں کو بھی پیش ونمایاں کیا جائے گا۔(اس طرح حیدرآباد کے اردو اداروں کے ادبی خدمات ص۱۸۱)۔اس طرح سے قومی زبان نے ادبی مضامین کے علاوہ ریاست کی تہذیبی وثقافتی سرگرمیوں پر مبنی مضامین شائع کرتا رہا۔

قومی زبان نے حسب ذیل خاص نمبر شائع کیے ہیں۔ ڈاکٹر زینت ساجدہ کے ادبی خدمات کے اعتراف میں جولائی 1981ء میں زینت ساجدہ نمبر شائع کیا گیا اس نمبر میں ڈاکٹر زینت ساجدہ اور ان کے افسانوں پر مضامین شائع کیے گئے اس خاص نمبر کے جملہ ۵۶ صفحات محفوظ ہیں۔ 1981ء اگست میں عصمت چغتائی کو فکیشن (ناول) کو مخدوم ایوارڈ کی پیش کشی کے موقع پر عصمت چغتائی نمبر نکالا گیا۔یہ خاص نمبر 56 صفحات پر مشتمل تھا۔قومی زبان نے جولائی اگست 1982ء میں ایک خاص گوشتہ جناب خواجہ فخر الدین صابر زیری کی نمبر شائع کیا۔اس نمبر میں صابر زیری کی صاحب کی شخصیت اور فن پر تنقیدی نقطہ نظر سے جائزہ لیا گیا۔ان پر مضامین لکھنے والوں میں ڈاکٹر رفیعہ سلطانہ، اختر حسن وغیرہ شامل ہیں۔ان خاص نمبرات کے علاوہ مئی جون 1982ء

منوہرلال بہار نمبر، اکتوبر 1982ء وٹھل راؤ نمبر وغیرہ شائع کئے۔ ستمبر 1983ء سے مالی بحران کی وجہ سے اس کی اشاعت موقوف ہوگئی تھی۔ آج کل یہ انچارج ڈائرکٹر آردو اکیڈیمی جناب محمد فائق کی ادارت میں شائع ہورہا ہے۔

قومی زبان کے خصوصی نمبر و خاص گوشوں کی تفصیل اسطرح ہے

زینت ساجدہ نمبر	جولائی 1981ء
عصمت چغتائی نمبر	اگست 1981
صابر زیری کی رمنوہرلال بہار نمبر	مئی جون 1982ء
وٹھل راؤ نمبر	اکتوبر 1982ء
گوشۂ اوج یعقوبی	1980ء
اندرا گاندھی نمبر	1984ء
وقارالدین نمبر	1986ء
قومی یک جہتی نمبر	1991ء
گوشہ عوض سعید	
گوشہ سیدہ جعفر	
گوشہ علی سردار جعفری	
گوشہ علی علی خاں	
گوشہ محبوب حسین جگر	
گوشہ غالب	ڈسمبر 2003ء
سال نامہ	اکتوبر 2004ء

سال نامہ	اکتوبر 2005ء
سال نامہ	....
گوشہ غالب	ڈسمبر 2006ء
گوشہ غالب	ڈسمبر جنوری 2008-2009
گوشہ غالب	ڈسمبر جنوری 2008-2007
مولانا آزاد نمبر	نومبر 2008ء
گوشہ غالب	اپریل مئی 2009ء
گوشہ اقبال	جون جولائی 2009ء
اکبر الہ آبادی نمبر	جنوری 2010ء
بابائے اردو مولوی عبدالحق نمبر	اپریل مئی 2010ء
امجد حیدر آبادی کے نام	ستمبر 2010ء
ڈاکٹر عبدالحق نمبر	ڈسمبر 2010ء

بساط ذکر وفکر

یعقوب سروش اردو زبان وادب کے صحافی وادیب کہلاتے ہیں ان کی علمی وادبی خدمات بے پایاں و وقعت کی حامل ہیں۔ تعلیمی وتدریسی خدمات کے بعد انہوں نے اپنی زندگی کو اسلامی تعلیمات کی ترویج واشاعت اور توسیع کیلئے وقف کردیا۔ اپنے اسلامی مشن کیلئے صحافت کو وسیلہ بنایا اور ایک ماہ نامہ رسالہ بساط ذکر وفکر کے نام سے نکالا یہ رسالہ علمی و ادبی نوعیت کا تھا۔ جو لگ بھگ 21 سال سے نکل رہا ہے اس کا پہلا شمارہ ماہ نومبر 1987 میں شائع ہوا۔ اس کے خاص نمبر بھی شائع ہوئے تعلیم نمبر، دختران اسلام نمبر، اسلامی ادب نمبر، اسوہ حسنہ نمبر، اسلام کی برکتیں نمبر قابل ذکر ہیں اور اب 2010ء کا سال نامہ حی علی الصلوۃ کے عنوان سے زیر ترتیب ہے۔ بساط ذکر وفکر اسلامی وعصری ادب کا ایک خوب صورت امتزاج ہے یہ ادبی جریدہ اپنی اعتدال پسندی اور غیر جانبدار روش کے باعث تمام طبقات میں یکساں طور پر مقبول ہے بساط ذکر وفکر میں شائع ہونے والے مضامین معلوماتی ہونے کے علاوہ اصلاحی، تعمیری، رجحان کے ترجمان ہوتے ہیں۔ اس کا مزاحیہ خاکہ جو بعنوان یاران نکتہ داں کے لئے ہر ماہ پابندی سے شائع ہوتا ہے اور عوام میں مقبول ہوا۔ اس کالم کے تحت خاکے، شگفتہ وطنزیہ نگاری کے آئینہ دار ہوتے ہیں وہ اپنی مزاح وطنزیہ نگاری کے ذریعہ قاری کو زندگی کے مسائل پر غور وفکر کی دعوت دیتے ہیں۔ بساط ذکر وفکر رسالہ نامساعد حالات کے بعد بھی زبان وادب کی خدمت میں منہمک ومشغول ہے۔ ادب میں صحت مند رجحان کے ساتھ اسلامی معاشرہ کی بازیافت میں اپنا کلیدی کردار ادا کر رہا ہے۔ یہ رسالہ عصری اسلامی رجحان وتصورات افکار سے مزین ہے۔ قاری کو اسلامی شعور وآگہی عطا کرنے کے ساتھ ادبی بصیرت عطا کرتا ہے۔ آج بھی پابندی سے شائع ہوتا ہے۔ یہ رسالہ پہلے پندرہ روزہ تھا بعد میں ماہ نامہ کردیا گیا اس کا پہلا شمارہ نومبر 1987ء سے شائع ہوا بساط ذکر وفکر کے خاص نمبر گوشوں کی تفصیل اسطرح سے ہے۔

۱) اسوۂ حسنہ نمبر 1988ء

۲) بچوں کا ادب نمبر 1995ء

۳) اسلامی ادب نمبر 1997ء

۴) قرآن نمبر 2000ء

۵) دختران اسلام نمبر 2003ء

۶) حسن انتخاب نمبر 2008ء

۷) اسلام کی برکتیں نمبر 2009ء

۸) حی الصلوۃ نمبر (سال نامہ) 2010ء

ماہنامہ رنگ و بو

میر محمد علی خاں صاحبزادہ میکش حیدرآبادی کے فرزند مجتبیٰ فہیم کی ادارت میں ماہنامہ رنگ و بو اگست 1994ء سے شائع ہورہا ہے۔ اس میں جدید و ترقی پسند ادب کے علاوہ عمومی ادبی نگارشات شائع ہوتی ہیں یہ رسالہ آج بھی نکل رہا ہے۔ عام شمارے 32 صفحات کے ہوتے ہیں اور خاص 48-72 صفحات پر مشتمل ہوتے ہیں۔ متاع لب اداریہ کے عنوان سے لکھا کرتے ہیں۔ اس کے قلمی معاونین میں بیکل اتساہی، ظفر قلندر، ابراہیم اشک، مضطر مجاز، قاسم ندیم، عبدالاحد ساز، ظہیر غازی پوری، ڈاکٹر مناظر عاشق ہرگانوی، ڈاکٹر فراز حامدی، ڈاکٹر جمیلہ عرشی قابل ذکر ہیں۔ اس کے بھی خاص نمبر و گوشہ شائع ہوتے ہیں۔ ابراہیم اشک نمبر، محمد علی اثر نمبر، تبصرہ نمبر، سلیم آغا قلزلباش نمبر، محسن عرفی نمبر، انشائیہ نمبر 1، انشائیہ نمبر 2، مخدوم محی الدین نمبر، صاحبزادہ میکش نمبر، عزیز قیسی نمبر، یادرفتگان نمبر، اطیب اعجاز نمبر، سعادت حسن منٹو نمبر، یوسف ناظم نمبر نومبر 2009ء ظفر گورکھپوری نمبر ڈسمبر 2009ء، گوشے اسحاق ملک، معین انیس، پرویز شاہدی، مرزا غالب، ستمبر 2010ء صاحب زادہ میکش اور عزیز قیسی کی یاد میں۔ نومبر 2010ء وزیر آغا نمبر۔

پونم

ناصر کرنولی ایک اچھے شاعر ہی نہیں بلکہ بے باک صحافی بھی ہیں جس کا اندازہ ان کے رسالہ پونم سے ہوتا ہے پونم اپنے معیار ستھرے مزاج خوبصورت گٹ اپ کی وجہ سے منفرد ہے۔اس کا پہلا شمارہ مئی 1964ء میں نکالا گیا۔روز اول سے ہی جناب ناصر کونولی اس کی ادارت پرنٹر پبلشرز کے فرائض انجام دے رہے ہیں اور آج بھی ان ہی کی ادارت میں شائع ہوتا ہے۔اس کو ملک کے علاوہ بیرون ملک کے ممتاز دانشور اور قلمکار کا تعاون حاصل رہا۔پونم نے عام شماروں کے علاوہ خاص موقعوں پر خاص نمبرات بھی شائع کیے ہیں اس کا کل ہند مزاحیہ کانفرنس نمبرادبی حلقوں میں بے حد مقبول ہوا۔اس کا دوسرا خاص نمبر منتخب افسانہ نمبر کے نام سے 1980ء میں شائع ہوا جس میں آندھرا پردیش کے افسانہ نگار کی تخلیقات کو یکجا کیا گیا۔ڈاکٹر زینت ساجدہ کے ادبی خدمات کے اعتراف میں پونم نے 1983ء میں ڈاکٹر زینت ساجدہ نمبر شائع کیا۔جو 150 صفحات پر مشتمل تھا صد سالہ جشن غالب کے موقع پر پونم نے 1969ء میں غالب نمبر شائع کیا۔جس میں غالب کے کلام پر مضامین لکھنے والوں میں پروفیسر احتشام حسین، مالک رام،ڈاکٹر جعفر رضا قابل ذکر ہیں۔یہ نمبر جملہ 48 صفحات پر مشتمل تھا۔ اس کا Afro Asian Writers Conference نمبر ادبی حلقوں میں بے حد مقبول ہوا۔پونم نے کالم نگاری کا سلسلہ بھی شروع کیا تھا۔کالم ''ہمارے مسائل'' کے تحت ادبی موضوعات پر بحث ہوتی رہی اس میں اختر حسن، عالم خوندمیری، عابد علی خان، باگا ریڈی حصہ لیتے رہے بعد میں اس بحث کو ذاتیات میں ملوث کرنے کی وجہ سے بند کر دیا گیا اس کے علاوہ مجتبیٰ حسین نے تیر انداز کے عنوان سے مستقل کالم لکھتے رہے ہیں۔اساتذہ کی اصلاحیں اور کار خیر کالم کافی مقبول ہوئے۔

پونم کے قلمی معاونین میں ساحر لدھیانوی، مخدوم محی الدین، حرمت الاکرام، یوسف ناظم، بھارت چند کھنہ، مغنی تبسم، یوسف سرمست، ڈاکٹر سلام سندیلوی، مظفر حنفی، سلام مچھلی شہری، متین سروش، حمید الماس، مجتبیٰ حسین ، کرشن موہن، بشیشور پرشاد منور لکھنوی وغیرہ شامل تھے۔ان ناموں سے ہم اس کے ادبی معیار کا اندازہ آسانی

سے اخذ کر سکتے ہیں۔ آج بھی یہ اردو زبان و ادب کی خدمت انجام دے رہا ہے۔ جناب طیب انصاری نے ''پونم'' کا تعارف کرواتے ہوئے اپنے مضمون ''حیدر آباد کے اردو ادبی رسائل'' میں لکھا ہے کہ ''یہ رسالہ ناصر کرنولی کی ادارت میں مئی 1964 ء سے شائع ہو رہا ہے ''سب رس'' اور صبا کی طرح ''پونم'' بھی خالص ادبی اور معیاری رسالہ ہے۔ تنقید جدید شاعری، طنز و مزاح کے علاوہ کلچرل نیچر بھی اس کی اشاعت میں شامل رہتے ہیں اس کا جنوری 1967 ء کا مزاحیہ کانفرنس نمبر منفرد اور اچھوتا مقام رکھتا ہے۔''

(مضمون مجلّہ عثمانیہ مقالہ نمبر 66-1967)

پونم نے نومبر 1970 ء میں چوتھی افروایشین رائٹرز کانفرنس کے موقع پر خصوصی اشاعت شائع کی جس کا جلد نمبر 7 اور شمارہ نمبر 10 تھا یہ نمبر جملہ 72 صفحات پر مشتمل تھا۔ اس میں افروایشیائی ادیبوں و شاعروں کی تخلیقات کو اردو میں ترجمہ کر کے شائع کیا گیا۔ ان مترجمین میں ناصر کرنولی، راشد آذر، بھارت چند کھنہ، احسن علی مرا، رضیہ سجاد ظہیر، میر حسن، حبیب تنویر، سید جعفر عباس شامل تھے۔ اس کانفرنس کی رپورٹیں اور روداد بھی شائع کی گئی۔ رضیہ سجاد ظہیر نے افروایشیائی ادیبوں کی تحریک اور اس کی مختصر تاریخ پر روشنی ڈالتے ہوئے کہا ہے کہ ''ہندوستانی ادیبوں کو اس بات پر بجا فخر ہوسکتا ہے کہ آفروایشیائی ادیبوں کی تحریک جس کی عمر اب ۱۲ سال ہے ہندوستان سے شروع ہوئی تھی اس تحریک کی بنیاد ڈسمبر 1956 ء کے آخری ہفتے میں نئی دہلی میں رکھی گئی جب کہ یہاں ایشیائی ادیبوں کی پہلی کانفرنس منعقد ہوئی۔ ایشیائی ادیبوں کی کانفرنس کا خیال سب سے پہلے آفروایشین اتحاد کی کانفرنس نے پیش کیا تھا۔ جو اکتوبر 1956 ء میں حیدر آباد میں ہوئی تھی۔ ڈاکٹر ملک راج آنند اور چند دیگر ہندوستانی ادیبوں نے جو عالمی امن تحریک اور افروایشیائی اتحاد کی تحریک سے وابستہ تھے۔ اس خیال کو پسند اور اس سے اتفاق کیا اور ایشیائی ادیبوں کی کانفرنس کا انتظام کرنے کے واسطے ایک تیاری کمیٹی بنائی گئی متذکرہ بالا دونوں ہی تنظیموں کی مدد سے اس کمیٹی کے لئے ممکن ہو سکا ہندوستان کے باہر تمام ترقی پسند ادیبوں اور ادبی تنظیموں سے رابطہ قائم کیا جاسکے۔ جب جواہر لال نہرو کے سامنے یہ صورت پیش ہوئی تو انہوں نے بھی ہندوستان میں ایشیائی ادیبوں کی پہلی کانفرنس بلانے کے خیال کو پسند کیا اور اس سے متفق ہوئے ایک سال پہلے انہوں نے ہی ایشیائی

اتحاد کی کانفرنس کو شروع کرنے کا اقدام کیا تھا۔ (پونم نمبر 1970) پونم کا جون جولائی 1983ء میں ڈاکٹر زینت ساجدہ نمبر جس کا جلد نمبر 20 اور شمارہ 5 شائع ہوا اور مقبول ہوا۔

لمس کی خوشبو

یہ رسالہ اطیب اعجاز کی ادارت میں شائع ہوتا ہے۔ اس کا پہلا شمارہ جون 2006ء کو شائع ہوا۔ اس نے حسن چشتی خاص نمبر اور میلاد النبیؐ خاص نمبر شائع کیے۔

نوائے لطیف

اس رسالہ کے مدیر ڈاکٹر میر مرتضٰی علی شاہ قادری لطیفی ہیں۔ اس کے قلمی معاونین میں پروفیسر وہاب قیصر، جناب علی ظہیر، ڈاکٹر نسیم الدین فریس، ڈاکٹر حبیب نثار وغیرہ شامل ہیں۔

الفیصل

یہ رسالہ مولانا محمد ہاشم القاسمی کی ادارت میں شائع ہوتا ہے اس میں مذہبی، سیاسی، تاریخی اور سماجی و ادبی مضامین شائع ہوتے ہیں۔

پروانۂ دکن

اس کا پہلا شمارہ اردو کے مشہور شاعر و ادیب جناب شفیع اقبال کی ادارت میں 1973ء میں شائع ہوا۔ چند سالوں تک چلتا رہا۔ بعد میں مسدود ہوگیا۔ پھر اس کا احیاء جنوری 2010ء میں ہوا۔ اس کے قلمی معاونین میں عبدالمغنی صدیقی، شفیع اقبال، ڈاکٹر بشیر احمد اور ڈاکٹر مسعود جعفری شامل ہیں۔

شگوفہ

اردو طنز و مزاح کی تاریخ میں 19 ویں صدی کی ساتویں دہائی سنگ میل کی حیثیت رکھتی ہے یہ اس لئے کہ اس زمانے میں ''اودھ پنچ'' کا اجراء عمل میں آیا تھا اس کے ایڈیٹر منشی سجاد حسین کی لالہ زار شخصیت نے اپنے ارد

گرد ایسے تابندہ ستارے رکھ چھوڑے تھے جنھوں نے اودھ پنچ کو زندہ جاوید بنادیا تھا ان میں اکبرالہ آبادی، تر بھون ناتھ ہجر، مرزا مچھو ستم ظریف، ولایت علی مجبوخ اور نواب سید محمد آزاد کے نام قابل ذکر ہیں۔ صحیح معنوں میں لکھنو میں طنز ومزاح کی عمارت کی داغ بیل نثر ونظم دونوں میں اسی دور میں پڑی حیدرآباد کو یہ شرف حاصل ہے کہ اس نے بھی اس مشہور مقولے کو سچ کر دکھایا کہ تاریخ اپنے آپ کو دہراتی ہے۔ بیسیوں صدی کے چھٹے دہے کی سانس جب اکھڑ چکی تھی اس زمانے میں ''شگوفہ'' کا اجراء عمل میں آیا۔ ''شگوفہ'' کے پیچھے منظم جماعت زندہ دلان حیدرآباد کا خلوص شامل ہے۔ طنز ومزاح نگاری کی وہ روایت جو بیسیویں صدی کے دوسرے دہے میں تقریباً دم توڑ چکی تھی اور جسے ممتاز حسین عثمانی اور شوکت تھانوی کی کوشش بھی ایک رجحان کی حیثیت نہ عطا کرسکی تھیں۔ اسے ایک رجحان کی حیثیت اور طنز ومزاح نگاری کو ایک سمت عطا کرنے کا سہرا زندہ دلان حیدرآباد اور ''شگوفہ'' کے سر بندھا ہے۔ ستمبر 1968ء میں ''شگوفہ'' کے پہلے شمارہ کا اجراء عمل میں آیا ابتداء میں یہ دیڑھ ماہی رسالہ تھا۔ سال میں آٹھ شمارے شائع ہوتے تھے۔ اس کے قلمی معاونین میں فکر تونسوی، یوسف ناظم، بھارت چند کھنہ، برق آشیانوی ، رشید قریشی، عاتق شاہ، خواجہ عبدالغفور، پرویز یداللہ مہدی، نریندر لوتھر، علی صاحب میاں، سلیمان خطیب، شکور بیگ ، اسماعیل ظریف، حمایت اللہ، ابراہیم یوسف، طالب خوندمیری ، سرپٹ حیدرآبادی اور اشرف خوندمیری وغیرہ قابل ذکر ہیں۔ ''شگوفہ'' نے یہ اہم کارنامہ بھی انجام دیا ہے کہ اس نے نئے لکھنے والوں کی حوصلہ افزائی کی جن میں ایم اے حنان، مسیح انجم، ارشد علی خاں ، ایم اے نعیم ، لئیق صلاح اور رشید موسوی وغیرہ قابل ذکر ہیں۔ ''شگوفہ'' کے حسن کو نکھارنے میں خصوصیت سے اس کے ایڈیٹر جناب مصطفیٰ کمال نے بہت زیادہ حصہ لیا ہے مجلس ادارت کے اور مجلس مشاورت کے اراکین نے ان کی مدد کی۔ ابتداء میں شگوفے کے مجلس ادارت کے اراکین میں احسن علی مرزا، مجتبیٰ حسین، حمایت اللہ اور مسیح انجم اور مجلس مشاورت میں کرشن چندر، بھارت چند کھنہ، راجندر سنگھ بیدی اور زینت ساجدہ شامل تھے بعد میں اس کی مجلس ادارت اور مجلس مشاورت دونوں بدل گئیں آج کل اس کی مجلس مشاورت میں راجندر سنگھ بیدی، بھارت چند کھنہ، نریندر لوتھر، مجتبیٰ حسین اور مجلس ادارت میں حمایت اللہ، منظور احمد منظور، مسیح انجم شامل ہیں۔

''شگوفہ'' ایک عرصہ تک دیڑھ ماہی رسالہ تھا لیکن 1973ء میں یہ ماہ نامہ کر دیا گیا۔ ''شگوفہ'' ہندوستان اور پاکستان کا واحد مزاحیہ رسالہ ہے یہ 16 سال سے بہت ہی پابندی سے نکل رہا ہے اس کی اہمیت اس لئے ہے کہ اس نے طنز و مزاح کے اچھے معیار کو برقرار رکھا ہے اس معیار کو برقرار رکھنے میں اس کے ایڈیٹر اور ''شگوفہ'' کے لکھنے والوں کا بہت زیادہ حصہ ہے۔ شگوفہ اس قدر مقبولیت حاصل کر چکا ہے کہ اس میں سارے ہندوستان کے مشہور و معروف ادیبوں اور شاعروں کی تخلیقات چھپتی ہیں۔ ''شگوفہ'' کے نثری مضامین بہت اچھے ہوتے ہیں لیکن ایک خبر یہ کہ اس کا نظم کا حصہ معیاری نہیں ہوگا۔ شاعری انتہائی سپاٹ اور غیر دلچسپ ہوتی یا پھر اس میں ابتذال پھکڑ پن آجاتا جو ''شگوفہ'' کے ماتھے پر کلنک کا ٹیکہ معلوم ہوتی ہے۔ اس قسم کی شاعری سے بچنا چاہئے ورنہ اس کا معیار گرتا چلا جائے گا۔ اس میں بعض نظمیں اور غزلیں اچھی ہوتی ہیں۔ حصہ نظم میں جن شعراء کی تخلیقات چھپی ہیں ان میں دلاور فگار رضا نقوی واہی، سلیمان خطیب، علی صائب میاں، برق آشیانوی، طالب خوندمیری، اشرف خوندمیری، ڈاکٹر گیان چند جین، ماچس لکھنوی، مہندر سنگھ بیدی سحر وغیرہ شگوفہ میں منظوم پیروڈیاں بھی شائع ہوتی ہیں لیکن اس کی جانب خصوصی توجہ کی ضرورت ہے۔

''شگوفہ'' آج بھی ڈاکٹر مصطفیٰ کمال صاحب کی ادارت میں ادبی آن و بان شان سے نکل رہا ہے ایڈیٹر اور سینئر ڈاکٹر عابد معز ہیں اوورسیز کمیٹی میں عبدالرحمٰن سلیم، ریاض، شجاع عاطف آسٹریلیا، محمد عمران خاں ابوظہبی، خواجہ کمال الدین شکاگو شامل ہیں۔ مجلس مشاورت میں نریندر لوتھر، ڈاکٹر راج بہادر گوڑ، ایم اے باسط آئی پی ایس، مجتبیٰ حسین، محمد علی رفعت ہیں۔ مجلس ادارت میں حمایت اللہ، طالب خوندمیری، ڈاکٹر حبیب صباء، سمیع جلیل ہیں اس کے ذیلی عنوانات اس طرح سے ہیں مال مفت، اڑیں پرزے، شگفتہ شاعر، دکنیات، اپنے منہ، مزاح کا جغرافیہ، بال کی کھال، چورن، منظومات دے کے خط مراسلے شائع ہوتے ہیں۔

''نہیں آتی تو یاد۔ یادرفتگان'' کے عنوان کے تحت مشہور ادیبوں اور شاعروں کی تخلیقات یا ان تخلیقات پر تبصرہ وغیرہ شامل ہوتے ہیں ان میں اب تک رتن ناتھ سرشار، سید سجاد حسین، قلا رموزی، پطرس بخاری، فرحت اللہ بیگ، شوکت تھانوی اور راجہ مہدی علی خاں کے مضامین اور نظمیں وغیرہ شائع ہوتی رہیں۔ ''مال مسروقہ'' کا

عنوان بھی انتہائی دلچسپ ہوتا ہے اور اپنے اندر کشش رکھتا ہے اس میں نہ صرف ہندوستان بلکہ باہر کے ادیبوں کی تخلیقات کو قسطوں میں شائع کیا جاتا ہے اس میں مشتاق احمد یوسفی رضیہ فصیح احمد، ابن انشاء، احمد ندیم قاسمی اور کرنل محمد خاں وغیرہ کی تخلیقات کو جگہ دی گئی ہے اس کے علاوہ ''مال مفت'' کے عنوان سے انشائیے ''اڑیں گے پرزے'' خاکے ''بال کی کھال'' کے تحت تبصرہ ''ایسے کی تیسی'' رپورتاژ دخل در نا معقولات، ڈراما اور چورن کے عنوان سے نظمیں چھپتی ہیں ایک ہی شمارہ میں ہمیں اتنے سارے عنوانات ملیں گے بلکہ تھوڑے بہت ایک شمارہ میں موجود ہوتے ہیں باقی کی کمی دوسرے شمارہ میں پوری کی جاتی ہے۔

''کارٹون'' بھی اس رسالے کی اہم خصوصیت ہے اچھے کارٹون اس میں بہت کم چھپتے ہیں جس کے پس منظر میں سیاسی یا ادبی واقعہ مضمر ہوتا ہے۔شگوفہ نے مختلف شخصی نمبر بھی نکالے ہیں جن میں حیوان ظریف غالب نمبر، تخلص بھوپالی نمبر، سلمان خطیب نمبر، بھارت چند کھنہ نمبر، نریندر لوتھر نمبر، کنہیا لال کپور نمبر جو جنوری 1981ء کو شائع ہوا۔ ''جلیس نمبر، پیروڈی نمبر، ڈیڑھ سالہ سالگرہ نمبر، خواجہ عبدالغفور نمبر۔حیوان ظریف غالب نمبر، خواجہ الطاف حسین حالی نے غالب کو حیوان ناطق نہیں حیوان ظریف کہا تھا۔اگر ہم حیوان ظریف غالب نمبر پڑھیں تو حالی کا یہ خیال سو فیصد صحیح ثابت ہوگا۔یوں تو مختلف رسالوں نے غالب نمبر نکالے ہیں لیکن اس نمبر کی خصوصیت یہ ہے کہ اس میں غالب کی ظریفانہ تخلیقات اور غالب کے مزاحیہ مضامین شامل ہیں۔''ڈرامہ نمبر'' 1979ء میں شائع ہوا اس کے مہمان مدیر ساگر سرحدی تھے اس ڈرامہ نمبر کی سب سے بڑی خصوصیت یہ ہے کہ اس میں روایتی طرز سے ہٹ کر ایسے ڈراموں کو پیش کیا گیا جو اسٹیج کی ضروریات کو پیش نظر رکھ کر لکھے گئے اس میں مراٹھی، گجراتی، کنڑی، تلگو، پنجابی، بنگالی اور اڑیہ کے ڈراموں کو بھی شائع کیا گیا۔روس، جرمنی اور انگلستان کے ڈراموں کا ترجمہ بھی پیش کیا گیا۔ان ڈراموں کی وجہ سے ڈرامہ نمبر خاص اہمیت اختیار کر گیا ہے شگوفہ سال میں ایک مرتبہ سوونیز بھی شائع کرتا ہے اس میں مشاعروں کی رپورٹ دی جاتی ہے۔آج کل مشاعروں کا معیار گرتا جا رہا ہے۔شعراء ہزل، پھکڑ پن ابتذال اور استہزاء پر اتر آتے ہیں اس قسم کے کلام کو ادبی رسالہ میں جگہ دینا اس رسالہ کی توہین ہے۔شگوفہ پر آج کل جمود کی سی کیفیت طاری ہے اس میں اچھی تخلیقات بہت کم شائع ہو رہی ہیں

اچھے ادیبوں کے مضامین کے ذخائر ختم ہو رہے ہیں بعض دوسری کمزوریوں کے باوجود شگوفہ ایک تحریک ایک رجحان ایک ادارے کا نقیب و ترجمان ہے۔

شگوفہ کے سالنامے

ڈیڑھ سالہ سالگرہ نمبر	جلد ۲	شمارہ ۶	جولائی۔اگست ۱۹۷۰ء
ڈیڑھ سالہ سالگرہ نمبر	۳	۱	دسمبر ۷۰۔جنوری ۱۹۷۱ء
ڈیڑھ سالہ سالگرہ نمبر	۴	۱	دسمبر ۷۱۔جنوری ۱۹۷۲ء
ڈیڑھ سالہ سالگرہ نمبر	۵	۱	دسمبر ۷۲۔جنوری ۱۹۷۳ء
جنوری	۷	۱	۱۹۷۴ء
جنوری	۸	۱	۱۹۷۵ء
جنوری	۹	۱	۱۹۷۶ء
جنوری	۱۰	۱	۱۹۷۷ء
جنوری	۱۱	۱	۱۹۷۸ء
جنوری	۱۲	۱	۱۹۷۹ء
جنوری	۱۳	۱	۱۹۸۰ء
کنہیا لال کپور نمبر	۱۴	۱	۱۹۸۱ء
جنوری	۱۵	۱	۱۹۸۲ء
جنوری	۱۶	۱	۱۹۸۳ء
جنوری	۱۹	۱	۱۹۸۶ء
جنوری	۲۰	۱	۱۹۸۷ء

جنوری	۲۱	۱	۱۹۸۸ء
جنوری	۲۲	۱	۱۹۸۹ء
جنوری	۲۳	۱	۱۹۹۰ء
جنوری۔فروری	۲۴	۱۔۲	۱۹۹۱ء
جنوری۔فروری	۲۵	۱۔۲	۱۹۹۲ء
جنوری۔فروری	۲۶	۱۔۲	۱۹۹۳ء
جنوری۔فروری	۲۸	۱۔۲	۱۹۹۵ء
جنوری۔فروری	۲۹	۱۔۲	۱۹۹۶ء
جنوری۔فروری	۳۰	۱۔۲	۱۹۹۷ء
جنوری	۳۱	۱	۱۹۹۸ء
جنوری۔فروری	۳۲	۱۔۲	۱۹۹۹ء
جنوری	۳۳	۱	۲۰۰۰ء
جنوری۔فروری	۳۴	۱۔۲	۲۰۰۱ء
جنوری۔فروری	۳۵	۱۔۲	۲۰۰۲ء
جنوری	۳۶	۱	۲۰۰۳ء
جنوری	۳۸	۱	۲۰۰۵ء
جنوری			۲۰۱۰ء

خصوصی شمارے

حیوان ظریف غالب نمبر	جلد ا شمارہ ۴	مارچ اپریل ۱۹۶۹ء
بھارت چندر کھنہ نمبر	جلد ا شمارہ ۴	جنوری فروری ۱۹۷۲ء
نریندر لوتھر نمبر	جلد ۶ شمارہ ۴	ستمبر ۱۹۷۳ء
کل ہند مزاحیہ مشاعرہ بنگلور	جلد ۷ شمارہ ۹	ستمبر ۱۹۷۴ء
سلیمان خطیب نمبر	جلد ۸ شمارہ ۱۲	دسمبر ۱۹۷۵ء
پیروڈی نمبر	جلد ۹ شمارہ ۹	ستمبر ۱۹۷۶ء
تخلص بھوپالی نمبر	جلد ۱۰ شمارہ ۱۱	نومبر ۱۹۷۷ء
ابراہیم جلیس نمبر	جلد ۱۱ شمارہ ۵	مئی ۱۹۷۸ء
ڈرامہ نمبر	جلد ۱۲ زائد شمارہ	۱۹۷۹ء
کنہیا لال کپور نمبر	جلد ۱۴ شمارہ ۱	جنوری ۱۹۸۱ء
خواجہ عبدالغفور نمبر	جلد ۱۷ شمارہ ۶	جنوری ۱۹۸۴ء
ہندوستانی مزاح نمبر	جلد ۱۸ زائد شمارہ	جون ۱۹۸۵ء
اکبری اقبال نمبر	جلد ۱۹ شمارہ ۴	اپریل ۱۹۸۶ء
مجتبیٰ حسین نمبر	جلد ۲۰ زائد شمارہ	نومبر ۱۹۸۷ء
سعودی عرب نمبر	جلد ۲۵ شمارہ ۱۰	اکتوبر ۱۹۹۲ء
سلور جوبلی نمبر	جلد ۲۷ شمارہ ۲-۱	جنوری فروری ۱۹۹۴ء
۲۵ سالہ شعری انتخاب	جلد ۲۷ شمارہ ۴	اپریل ۱۹۹۴ء
رشید احمد صدیقی نمبر	جلد ۲۸ شمارہ ۱۲	ڈسمبر ۱۹۹۵ء

۲۵ سالہ نثری انتخاب	جلد ۳۰ شمارہ ۹	ستمبر ۱۹۹۷ء
حصہ اول		
۲۵ سالہ نثری انتخاب	جلد ۳۱ شمارہ ۷	جولائی ۱۹۹۸ء
حصہ دوم		
خلیج نمبر	جلد ۳۷ زائد شمارہ	جون ۲۰۰۴ء
یوسف ناظم نمبر	جلد ۳۷ زائد شمارہ	جون ۲۰۰۴ء
روداد جشن شگفتہ دکن	جلد ۳۷ شمارہ ۸	اگست ۲۰۰۴ء
۳۷ ویں سالگرہ نمبر	جلد ۳۸ شمارہ ۷	جولائی ۲۰۰۵ء

سوونیر

زندہ دلان حیدرآباد کی تقریبات

شگوفہ کی اشاعت سے قبل شائع شدہ سوونیر

مزاح نگاروں کی کل ہند کانفرنس

سوونیر	مئی ۱۹۶۶ء
	دوسرا کل ہند مزاحیہ مشاعرہ
سوونیر	مئی ۱۹۶۷ء
	کل ہند مزاحیہ مشاعرہ تیسرا سالانہ اجتماع
سوونیر	فروری ۱۹۶۸ء

شگوفہ کے سوونیر

۵واں کل ہند مزاحیہ مشاعرہ	جلد۴ شمارہ۳	مارچ ۱۹۷۲ء
۶واں سالانہ اجتماع	جلد۵ شمارہ۳	مارچ اپریل ۱۹۷۳ء
۷واں سالانہ اجتماع	جلد۷ شمارہ۴	اپریل ۱۹۷۴ء
۸واں سالانہ اجتماع	جلد۸ شمارہ۴	اپریل ۱۹۷۵ء
۹واں سالانہ اجتماع	جلد۹ شمارہ۵	مئی ۱۹۷۶ء
۱۰ویں سالانہ تقاریب	جلد۱۰ شمارہ۴	اپریل ۱۹۷۷ء
۱۱ویں سالانہ تقاریب	جلد۱۱ شمارہ۱۲	اپریل ۱۹۷۸ء
۱۲ویں سالانہ تقاریب	جلد۱۲ شمارہ۱۱	نومبر ۱۹۷۹ء
جشن بھارت چند کھنہ	جلد۱۳ شمارہ۴	اپریل ۱۹۸۰ء
۱۴ویں سالانہ تقاریب	جلد۱۴ شمارہ۴	اپریل ۱۹۸۱ء
۱۵ویں سالانہ تقاریب	جلد۱۶ شمارہ۴	فروری ۱۹۸۳ء
عالمی جشن مزاح	جلد۱۸ شمارہ۲	فروری ۱۹۸۵ء
۱۷ویں سالانہ تقاریب	جلد۱۹ شمارہ۱۱	نومبر ۱۹۸۶ء
سلور جوبلی تقاریب	جلد۲۰ شمارہ۱۱	نومبر ۱۹۸۷ء
سالانہ تقاریب	جلد۲۱ شمارہ۱۲	ڈسمبر ۱۹۸۸ء
۲۰ویں سالانہ تقاریب	جلد۲۲ شمارہ۱۱	نومبر ۱۹۸۹ء
سالانہ تقاریب	جلد۱۱ شمارہ۶	نومبر ۱۹۹۳ء
سالانہ تقاریب	جلد۲۹ شمارہ۴	اپریل ۱۹۹۶ء

آزادیِ ہند کی ۵۰ ویں سالگرہ کے نام تقاریب	جلد ۳۰ شمارہ ۱۱	نومبر ۱۹۹۷ء
تقاریب زندہ دلانِ حیدرآباد	جلد ۳۲ شمارہ ۱۱	نومبر ۱۹۹۹ء
تقاریب زندہ دلانِ حیدرآباد	جلد ۳۶ شمارہ ۱۲	دسمبر ۲۰۰۳ء

گوشہ اور بہ یاد شمارے (جاری)

بیاد کرشن چندر	جلد ۱۰ شمارہ ۳	مارچ ۱۹۷۷ء
بیاد سلیمان خطیب	جلد ۱۱ شمارہ ۱۱	نومبر ۱۹۷۸ء
کھنہ کارنر (جشن بھارت چند کھنہ)	جلد ۱۳ شمارہ ۴	اپریل ۱۹۸۰ء
گوشہ گڑبڑ حیدرآبادی	جلد ۱۴ شمارہ ۲	فروری ۱۹۸۱ء
گوشہ راجندر سنگھ بیدی	جلد ۱۸ شمارہ ۱	جنوری ۱۹۸۵ء
بہ یاد برق آشیانوی	جلد ۱۹ شمارہ ۹	ستمبر ۱۹۸۶ء
گوشہ پاکستان	جلد ۲۱ شمارہ ۶	جون ۱۹۸۸ء
کپورستان (بہ یاد کنہیا لال کپور)	جلد ۲۳ شمارہ ۶	جون ۱۹۹۰ء
بہ یاد بوگس حیدرآبادی	جلد ۲۴ شمارہ ۷	جولائی ۱۹۹۱ء
گوشہ فیاض احمد فیضی	جلد ۲۴ شمارہ ۹	ستمبر ۱۹۹۱ء
رشید قریشی کے نام	جلد ۲۵ شمارہ ۱۲	دسمبر ۱۹۹۲ء
گوشہ بہ یاد بھاتر چند کھنہ	جلد ۲۷ شمارہ ۵	مئی ۱۹۹۴ء
ودربھ میں طنز و مزاح	جلد ۲۷ شمارہ ۷	جولائی ۱۹۹۴ء
طالب خوندمیری کے نام	جلد ۲۷ شمارہ ۱۰	اکتوبر ۱۹۹۴ء
جشن حیدرآباد کے موقع پر	جلد ۲۷ شمارہ ۱۱	نومبر ۱۹۹۴ء

بہ یاد شوکت تھانوی	جلد ۲۸ شمارہ ۷	جولائی ۱۹۹۵ء
گوشہ سلیمان خطیب	جلد ۲۹ شمارہ ۷	جولائی ۱۹۹۶ء
بہ یاد دلیپ سنگھ	جلد ۲۹ شمارہ ۹	ستمبر ۱۹۹۶ء
گوشہ مضطر مجاز	جلد ۲۹ شمارہ ۱۱	نومبر ۱۹۹۶ء
گوشہ اسمعیل ظریف	جلد ۲۹ شمارہ ۱۲	دسمبر ۱۹۹۶ء
گوشہ شام شگوفہ ریاض	جلد ۳۰ شمارہ ۵	مئی ۱۹۹۷ء
گوشہ انور مسعود	جلد ۳۰ شمارہ ۶	جون ۱۹۹۷ء
گوشہ اشرف خوندمیری	جلد ۳۰ شمارہ ۸	اگست ۱۹۹۷ء
دلاور فگار۔خراج عقیدت	جلد ۳۱ شمارہ ۲	فروری ۱۹۹۸ء
بہ یاد مسیح انجم (خاص شمارہ)	جلد ۳۱ شمارہ ۹	ستمبر ۱۹۹۹ء
گوشہ مسیح انجم	جلد ۳۲ شمارہ ۵	مئی ۱۹۹۹ء
گوشہ ضمیر جعفری	جلد ۳۲ شمارہ ۶	جون ۱۹۹۹ء
گوشہ عاتق شاہ	جلد ۳۲ شمارہ ۸	اگست ۱۹۹۹ء
گوشہ حبیب ضیاء	جلد ۳۳ شمارہ ۴	اپریل ۲۰۰۰ء
ایک شمارہ کرنل محمد خاں کے نام (خصوصی شمارہ)	جلد ۳۳ شمارہ ۵	مئی ۲۰۰۰ء
مجتبیٰ حسین شکاگو میں۔ایک گوشہ	جلد ۳۳ شمارہ ۸	اگست ۲۰۰۰ء
گوشہ مرزا شکور بیگ	جلد ۳۳ شمارہ ۹	ستمبر ۲۰۰۰ء
گوشہ محمد یونس بٹ	جلد ۳۳ شمارہ ۱۱	نومبر ۲۰۰۰ء
گوشہ یوسف امتیاز	جلد ۳۴ شمارہ ۳	مارچ ۲۰۰۱ء
گوشہ ڈاکٹر سید حامد حسین	جلد ۳۴ شمارہ ۵	مئی ۲۰۰۱ء

خصوصی شمارہ مشتاق احمد یوسفی کے نام	جلد۳۴ شمارہ ۶	جون ۲۰۰۱ء
گوشہ پاکستان	جلد۳۴ شمارہ ۷	جولائی ۲۰۰۱ء
گوشہ رحیم الدین توفیق	جلد۳۴ شمارہ ۹	ستمبر ۲۰۰۱ء
خصوصی شمارہ شفیق الرحمٰن کی یاد میں	جلد۳۴ شمارہ ۱۰	اکتوبر ۲۰۰۱ء
گوشہ شفیع شیخ	جلد۳۴ شمارہ ۲	دسمبر ۲۰۰۱ء
گوشہ خالد اختر	جلد۳۵ شمارہ ۳	مارچ ۲۰۰۲ء
گوشہ رضا نقوی واہی	جلد۳۵ شمارہ ۴	اپریل ۲۰۰۲ء
گوشہ عصمت اللہ بیگ	جلد۳۵ شمارہ ۸	اگست ۲۰۰۲ء
گوشہ کرنل محمد خاں	جلد۳۵ شمارہ	نومبر ۲۰۰۲ء
گوشہ حمایت اللہ	جلد۳۶ شمارہ ۷	جولائی ۲۰۰۳ء
گوشہ پروفیسر محمد علی خسرو	جلد۳۶ شمارہ ۹	ستمبر ۲۰۰۳ء
گوشہ شوکت جمال	جلد۳۷ شمارہ ۳	مارچ ۲۰۰۴ء
گوشہ دلاور فگار	جلد۳۷ شمارہ ۱۰	اکتوبر ۲۰۰۴ء
گوشہ پاپولر میرٹھی	جلد۳۷ شمارہ ۱۱	نومبر ۲۰۰۴ء
گوشہ منور رانا	جلد۳۸ شمارہ ۲	فروری ۲۰۰۵ء
گوشہ بہ یاد خامہ بگوش	جلد۳۸ شمارہ ۳	مارچ ۲۰۰۵ء
گوشہ واجد ندیم	جلد۳۸ شمارہ ۳	مارچ ۲۰۰۵ء
گوشہ ڈاکٹر اعجاز علی ارشد	جلد۳۸ شمارہ ۵	مئی ۲۰۰۵ء
شگوفہ کا 37 واں سالگرہ نمبر	جلد۳۸ شمارہ ۸	جون ۲۰۰۵ء
گوشہ پاکستان	جلد۳۸ شمارہ ۱۲	ڈسمبر ۲۰۰۵ء

سال نامہ	جلد۳۹ شمارہ ا	جنوری ۲۰۰۶ء
گوشہ عطاء الحق قاسمی	جلد۳۹ شمارہ ۳	مارچ ۲۰۰۶ء
سالنامہ	جلد۴۰ شمارہ ا	جنوری ۲۰۰۷ء
گوشہ پروفیسر شمیم علیم	جلد۴۰ شمارہ ۳	مارچ ۲۰۰۷ء
بیاد راجہ مہدی علی خاں	جلد۴۰ شمارہ ۷	جولائی ۲۰۰۷ء
گوشہ بیاد پاگل عادل آبادی	جلد۴۰ شمارہ ۹	ستمبر ۲۰۰۷ء
اقبال نمبر	جلد۴۰ شمارہ ۱۱	نومبر ۲۰۰۷ء
سالنامہ	جلد۴۱ شمارہ ا	جنوری ۲۰۰۸ء
ساوینز تقاریب زندہ دلان حیدر آباد	جلد۴۱ شمارہ ۴	اپریل ۲۰۰۸ء
گوشہ علیم خاں فلکی	جلد۴۱ شمارہ ۷	جولائی ۲۰۰۸ء
عابد معز نمبر	جلد۴۱ شمارہ ۱۱	نومبر ۲۰۰۸ء
گوشہ فیاض احمد فیضی کیلئے ایک اور گوشہ	جلد۴۱ شمارہ ۱۲	ڈسمبر ۲۰۰۸ء
سالنامہ	جلد۴۲ شمارہ ا	جنوری ۲۰۰۹ء
پروفیسر یداللہ مہدی	جلد۴۲ شمارہ ۳	مارچ ۲۰۰۹ء
بیاد یوسف ناظم	جلد۴۲ شمارہ ۸	اگست ۲۰۰۹ء
گوشہ اسد ضیاء	جلد۴۲ شمارہ ۶	جون ۲۰۰۹ء
گوشہ رؤف رحیم		فروری ۲۰۱۰ء
گوشہ وہاب عندلیب	جلد۴۳ شمارہ ۳	مارچ ۲۰۱۰ء
گوشہ شگار لکھنوی	جل۴۳ شمارہ ۱۰	اکتوبر ۲۰۱۰ء

گل نو

اس رسالہ کی موسس جناب انور نظامی صاحب تھے۔ابتداء میں ان ہی کی ادارت میں شائع ہوا کرتا تھا۔اس پرچہ کا ابتدائی دور ادبی اعتبار سے اچھا رہا۔کیونکہ ابتداء میں اس کو اردو زبان وادب کے بلند پایہ ادیب و شاعروں کا تعاون حاصل رہا۔بعد میں انور نظامی کی دیگر مصروفیات کی وجہ سے اس پرچہ کی ادارت ان کے بھائی حمید نظامی صاحب کو سونپی گئی۔جس سے اس پرچہ کے معیار اور مواد میں تبدیل ہوتی گئی۔اس کا پہلا شمارہ 1970ء نومبر کو شائع ہوا۔فروری مارچ 1982ء میں اس کی اشاعت موقوف ہوگئی۔اس کے قلمی معاونین میں نئے شعراء شامل تھے۔جن میں خلیل سیمابی کولاری،مومن خاں شوخ محسن جلگانوی،ڈاکٹر طفیل احمد مدنی،شاغل ادیب،محبوب راہی،طلحہ تابش شامل تھے۔

رتن

اس کا پہلا شمارہ جنوری 1976ء میں شائع کیا گیا۔اس پرچہ کے سرپرست ایم اے رشید پٹیل اور مدیر اعلیٰ نجیب واصف تھے ادارت کے فرائض جناب عمر بن علی انجام دے رہے تھے۔عباس میر کا تعاون بھی حاصل تھا دراصل یہ اسماعیلیہ برادری کی ترجمانی کیا کرتا تھا۔لیکن اس رسالہ میں ادبی مضامین بھی جگہ پاتے رہے۔لگ بھگ پانچ چھ سال تک شائع ہوتا رہا۔جدید شعراء کے کلام کو بھی شائع کرتا رہا۔اسکے قلمی معاونین میں تمکین الرحمٰن، واہی نجیب آبادی،فکری بدایونی،محبوب قدسی وغیرہ۔''لفظوں کی آنچ'' کے عنوان سے ادبی کتابوں پر تبصرہ شائع ہوتے رہے۔فلمی تبصرے بھی شامل تھے۔

شاداب

محمد قمر الدین صابری کی ادارت میں ڈسمبر 1983ء کو اس کا پہلا شمارہ شائع ہوا۔اس کے مجلس مشاورت کے اراکین میں ڈاکٹر خواجہ عبدالغفور،ڈاکٹر منشاء الرحمٰن منشاء،اے جی فاروقی،منیر احمد صدیقی،یوسف ناظم،محمد منظور احمد منظور،ڈاکٹر یوسف الدین،پروفیسر رضی الدین احمد،پروفیسر عبدالحلیم ندوی شامل ہیں۔یہ محمد قمر

الدین صابری صاحب کی ادارت میں نیشنل پرنٹنگ پریس چارکمار حیدرآباد میں طبع ہوکر ریڈ ہلز حیدرآباد سے شائع ہوتا ہے۔اس میں ''حرف اول'' کے عنوان سے مستقل اداریئے لکھے جاتے ہیں جس میں اب تک اردو کے مستقبل اور معیار اوراس کے قانونی موقوف ومسائل پر روشنی ڈالی جاتی رہی۔''شاداب'' دراصل اسلامی ادب کا ترجمان رسالہ ہے اس میں متنوع مضامین جس میں مذہبی ادبی علمی کے علاوہ عام نوعیت کے دلچسپ مضامین بھی شائع ہوتے رہے ہیں۔اس میں شائع ہونے والے مضامین کا پس منظر اور جذبہ اسلامی ہوتا ہے شاداب نے ''سفرنامہ حرمین'' کے عنوان سے شروع کیا اور عربی کے سبق سے بھی ایک اور عنوان شروع کیا گیا اس کے تحت عربی زبان اوراس کی گردان سے متعلق اصول وضوابط پر روشنی ڈالی جاتی رہی۔یہ عنوان عام معلوماتی نوعیت کا ہونے کے علاوہ عربی جاننے اور سیکھنے والوں کیلئے فائدہ مند ہوگا۔شاداب کا گٹ اپ اور سٹ اپ نہایت دیدہ زیب اور معیاری ہے۔اس کے ہر شمارہ کی ضخامت لگ بھگ ۸۰ صفحات پر مشتمل ہوتی ہے اس کے ہر شمارہ کے سرورق پر ایک شعر شائع ہوتا ہے

میرے افکار کے گلشن میں جو جھانکے کوئی　　　دور تک منظر شاداب دکھائی دے گا

''شاداب'' اسلامی ادب کا ترجمان ہونے کے باوجود اس کو اردو زبان وادب کے بلند پایہ ادیب شاعر نقاد کا قلمی تعاون حاصل ہوتا رہا ہے جن میں محمد منظور احمد منظور، پروفیسر عنوان چشتی، ڈاکٹر حسن الدین احمد، پروفیسر جگن ناتھ آزاد، سرینواس لاہوٹی، صلاح الدین نیر شامل ہیں۔ڈسمبر 1983ء سے اپریل 2006ء تک مدیر محمد قمر الدین صابری کی ادارت میں شائع ہوا اس کے بعد اگست ستمبر 2006ء سے 2008ء تک نادر المسدوسی کی ادارت میں نکلتا رہا مئی اور جون 2008ء محمد عباس انصاری سکندر کی ادارت میں نکلتا رہا۔اب اس کی نئی مجلس مشاورت کی تشکیل عمل میں آئی ہے اور اب شاداب ڈاکٹر محمد عبدالرزاق فاروقی کی ادارت میں شائع ہوگا۔ایک شمارہ شائع ہوا آج کل اس رسالے کے سرپرست ڈاکٹر مجید بیدار صدر شعبہ اردو عثمانیہ یونیورسٹی اور مدیر محبوب فرید ہیں۔ان کی ادارت میں عید نمبر ستمبر 2010ء ادارہ مکتب شاداب 25 سالہ نمبر شائع ہوئے۔

شاداب کے خصوصی نمبر

جولائی 1985ء	قومی یکجہتی نمبر	جلد 2۔ شمارہ 7	
ڈسمبر 1985ء	نوجوانوں کا خصوصی نمبر	2	12
جنوری فروری 1986ء	خواجہ حمید الدین شاہد اور اعجاز حسین کھٹا نمبر	3	1-2
مئی 1986ء	اقبال نمبر	3	5
جون 1989ء	مولانا آزاد نمبر	6	6
اگست 1989ء	پنڈت جواہر لعل نہرو نمبر	6	8
مئی 1990ء	آصفجاہی عہد نمبر اردو ریسرچ سنٹر حیدرآباد کے ذخیرے سے سے نایاب تحریروں کی بازیافت		
مارچ 1991ء	ڈاکٹر منشاء الرحمٰن خان منشاء	8	3
جون 1992ء	انجمن ترقی اردو ریاستی کنونشن نمبر	9	6
جولائی 1992ء	آل انڈیا ملی کونسل نمبر	9	7
ستمبر 1992ء	ثقلین نمبر کتاب اللہ وسنت رسول نمبر	9	9
نومبر 1992ء	منظور احمد منظور نمبر	9	10
ڈسمبر 1992ء	ڈاکٹر بانو طاہرہ سعید نمبر	9	12
ستمبر تا نومبر 1993ء	حیدرآباد کے اردو شعراء نمبر	10	9 تا 11
جون 1994ء	رحمٰن جامی نمبر	11	6
اگست 1994ء	سیرت النبی نمبر	11	8
نومبر 1994ء	صلاح الدین نیر فن و شخصیت	11	11

حیدرآباد کے اردو شعراء نمبر (1)

حیدرآباد کے اردو شعراء نمبر (2)

ڈاکٹر حمید اللہ نمبر

ڈاکٹر ہادی قادری نمبر

مرتضیٰ صدیقی نمبر

پروفیسر بی شیخ علی نمبر

مولانا آزاد نمبر

چار سو سالہ جشن تاسیس

میلاد النبی ﷺ نمبر

افسانہ نمبر

آل انڈیا ملی کونسل نمبر

مذاکرہ نمبر

خواتین نمبر

رئیس اختر نمبر

عزیز بھارتی نمبر

سکندر رحمید نمبر

نادر المسدوسی نمبر

قمر الدین صابری نمبر

ماہ صیام نمبر 10 / اکتوبر 2006ء

غزل نمبر 2007ء

عائشہ بیگم رباب نمبر جولائی 2008ء

فنکار

اس کا پہلا شمارہ فروری 1984ء میں شائع کیا گیا۔ اس رسالے کے مدیر اعلیٰ ڈاکٹر احمد سجاد ہیں جو رانچی یونیورسٹی میں شعبہ اردو کے صدر کے عہدہ پر فائز ہیں اور یہ رسالہ مسعود جاوید ہاشمی کی ادارت میں شائع ہوتا ہے اس کے مجلس مشاورت کے اراکین میں ابوالمجاہد زاہد، مصلح الدین سعدی عزیز بگھروی شامل ہیں۔ اس میں نقوش تازہ کے تحت نقش اول کے عنوان سے اداریئے لکھے جاتے ہیں۔ ''شاداب'' کی طرح ''فنکار'' کا مقصد و رحجان بھی اسلامی ادب کی ترجمانی ہے اس کے مضامین کی نوعیت مذہبی بنیاد پر ہوتی ہے اور ہر مضمون میں یا افسانہ میں اسلامی جذبہ کارفرما نظر آتا ہے۔ اس کا گٹ اپ اور سٹ اپ بھی معیاری ہے۔ ''رنگ و نور'' کے عنوان سے منظومات کو شائع کیا جاتا ہے اور ''حرف وحکایت'' کے عنوان سے افسانے کہانیاں ترتیب دی جاتی ہیں ''نقد ونظر'' میں کتابوں پر تبصرہ شائع ہوتا ہے۔ اس طرح سے فنکار آج بھی اپنی پوری آب وتاب سے اور اردو زبان وادب کی خدمت انجام دے رہا ہے۔ اس کے عام شمارے بھی 96 صفحات پر مشتمل ہوتے ہیں۔ اس کے قلمی معاونین میں سلیم احمد، صبا اکرام سیرابی، الیاس قریشی وغیرہ شامل ہیں۔ یہ رسالہ ادب میں اسلامی قدروں کو پروان چڑھایا اس کے دو خصوصی شمارہ قابل ذکر ہیں۔ گیا ادبی کانفرنس نمبر، اور عروج زیدی نمبر 1989ء میں یہ رسالہ موقف ہوگیا۔

اُفق

ورنگل سے ماہنامہ افق جناب واثق عارفی و مسعود جاوید ہاشمی کی ادارت میں شائع ہوا کرتا تھا اس کا پہلا شمارہ 1963ء میں نکلا۔ 1964ء میں بند ہوگیا یہ رسالہ عصری ادب کا ترجمان تھا۔

الانصار

یہ رسالہ مدیر اسد ثنائی کی ادارت میں شائع ہوتا ہے۔ اس میں ادبی و مذہبی مضامین شائع ہوتے ہیں اس کے شمارہ کافی دبیر و ضخیم ہوتے ہیں لگ بھگ 300 صفحات کا ایک شمارہ ہوتا ہے یہ رسالہ بیادگار عمدہ القراء حضرت علامہ الحاج قاضی محمد انصار علی قریشی جاوید استاد جامعہ نظامیہ و جامعہ باقیات الصالحات و بانی دارالعلوم

ابوالحسنات نکلتا ہے صحت مند فکری رجحانات کا حامل رسالہ ہے۔

سیاست انٹرنیشنل

یہ جریدہ جناب زاہد علی خان کی ادارت میں شائع ہوا کرتا تھا۔ پندرہ روزہ تھا اس میں سیاسی، سماجی اور عصری عالمی تناظر میں مضامین فکر انگیز شائع ہوا کرتے تھے۔ اس میں ادبی مضامین کے علاوہ اقبال اور غالب کا دیوان قسط وار شائع ہوا۔ اس پرچہ کی خاص خوبی یہ ہے کہ اس میں اردو کے شعراء اور ادیبوں کی رنگین تصاویر کو شائع کیا گیا۔ جناب سید محمد حسین محسن حیدرآبادی نے ان رنگین تصاویر کو اہتمام کے ساتھ شائع کیا۔ بعد میں یہ جریدہ چند سال شائع ہو کر بند ہو گیا۔ اس کے قلمی معاونین میں مولانا محمد رضوان القاسمی، نعیم حسن، ڈاکٹر سلمان عابد، جمیل نظام آبادی، ڈاکٹر محمد ناظم علی قابل ذکر ہیں۔ اس کا پہلا شمارہ جنوری 1996ء میں شائع ہوا۔

خوشبو کا سفر

اردو کے ممتاز شاعر و نثر نگار جناب صلاح الدین نیرؔ کی ادارت میں شائع ہوا اس کا پہلا شمارہ ڈسمبر 1996ء میں شائع ہوا۔ اس رسالے کی خوبی یہ ہے کہ اس میں فن پر بحث ہوتی ہے لیکن خامی یہ ہے کہ اس میں ذاتیات و شخصی عادتوں پر تنقید و نکتہ چینی کی جاتی ہے۔ ذاتیات سے ادب کو سروکار نہیں البتہ ادبی فکر و فن پر بحث بجا ہے آج بھی پابندی سے شائع ہو رہا ہے۔ مشاہیر ادب اس پرچے سے وابستہ ہیں اور اکابرین ادب کا قلمی تعاون حاصل ہے۔ اس میں ادبی مضامین کم تبصرے، تجزیئے، تنقید زیادہ شائع ہوتی ہیں۔ منظوم نگارشات کو جگہ دی جاتی ہے۔ اس کے اداریئے عصری میلانات سے لیس ہوتے ہیں۔

عدسہ

عدسہ ماہ نامہ جناب میر فاروق علی کی ادارت میں جنوری 2006ء سے شائع ہو رہا ہے مدیر صاحب نہ صرف ایک بہترین شاعر بلکہ اچھے نثر نگار بھی ہیں۔ آپ کئی ایک تصانیف کے مصنف ہیں۔ طنزیہ و مزاحیہ شاعری میں ایک مقام رکھتے ہیں نامساعد حالات کے باوجود ماہ نامہ عدسہ کو پابندی سے شائع کرتے ہیں۔ اس کی خاص

خوبی یہ ہے کہ اس میں ہر خصوصی شمارہ 32 صفحات کا ہوتا ہے لیکن خصوصی شمارہ کیلئے طویل صفحات درکار ہوتے ہیں پھر بھی اس کے کئی خصوصی نمبر شائع ہوئے ہیں جو زبان وادب کی وسعت وترقی میں ممدومعاون ثابت ہوتے ہیں اردو کے اس کساد بازاری کے ماحول میں جبکہ ادبی پرچوں کو خریدنا پڑھنا دشوار محسوس ہورہا ہے اردو قاری مانگ کر پڑھتا ہے تو ایسے میں ادبی صحافت کیسے زندہ رہے گی۔ زبان وادب کی ترقی وارتقاء میں ادبی صحافت کا ہونا ضروری ہے ورنہ زبان سکڑ جائے گی۔ عدسہ کے مدیر سے زبان وادب کو امید ہے کہ وہ آئندہ بھی اس کو جاری رکھیں گے۔

2006ء عدسہ کے خصوصی نمبر

اپریل 2006ء	میلادالنبی نمبر۔ گوشہ علامہ اقبال	جلد 1	شمارہ 4	صفحات 32
مئی 2006ء	ادب اور کتا نمبر 1	1	5	32
جون 2006ء	ادب اور کتا نمبر 2	1	6	32
جولائی 2006ء	ادب اور بلی نمبر	1	7	32
اگست 2006ء	ادب اور گھوڑا نمبر	1	8	32
نومبر 2006ء	ادب اور پرندہ نمبر	1	11	فہرست مضامین عربی فارسی سے انتخاب
ڈسمبر 2006ء	ادب اور حشرات الارض نمبر	1	12	32
فروری 2006ء	شہادت عظمیٰ نمبر	1	02	32
مارچ 2006ء	سید ہاشم علی اختر نمبر	1	03	32
ستمبر 2006ء	ادب اور گدھا نمبر	1	09	32
اکتوبر 2006ء	ادب اور بھائم نمبر	1	10	عربی اور اردو سے انتخاب
اگست 2010ء	خواتین نمبر	1		

عدسہ کے 2007ء میں شائع خصوصی شمارے

جنوری 2007ء	پطرس بخاری نمبر	جلد2	شمارہ1	صفحات40
فروری 2007ء	مجتبیٰ حسین نمبر	2	2	32
مارچ 2007ء	نعیم زبیری نمبر	3	2	32
اپریل، مئی 2007ء	بہادر شاہ ظفر نمبر	2	5/4	40
جون 2007ء	غلام مصطفیٰ رسا نمبر	2	6	32
جولائی 2007ء	پروین شاکر نمبر	2	7	32
اگست 2007ء	مجاہدین آزادی نمبر	2	8	32
ستمبر 2007ء	شاذ تمکنت نمبر	2	10-9	40
نومبر، ڈسمبر 2007ء	قراۃ العین حیدر نمبر	2	12-11	

2008ء عدسہ کے خصوصی نمبر

جنوری، فروری	مضطر مجاز نمبر	جلد3	شمارہ1,2,3	صفحات72
مارچ 2008ء				
اگست 2008ء	اقبال سہیل نمبر	3	8	
ستمبر، اکتوبر 2008ء	احمد فراز نمبر	4	10-9	
نومبر 2008ء	علامہ اقبال نمبر	4	11	
ڈسمبر 2008ء	غالب نمبر	3	12	

عدسہ 2009ء کے خصوصی نمبر

جنوری،فروری2009ء	جوتا نمبر	جلد4	شمارہ1-2	صفحات
مارچ2009ء	عزیز احمد نمبر	4	3	
اپریل،مئی2009ء	علامہ اقبال نمبر	4	4-5	
جون،جولائی2009ء	عدم نمبر	4	6-7	
اگست2009ء	دامودر ذکی نمبر	4	8	
نومبر2009ء	ڈاکٹر مجید خان نمبر	4		
جنوری فروری مارچ2010ء	ڈاکٹر یوسف کمال صاحب نمبر	5		
اپریل مئی جون2010ء	خاتون نمبر			
اکتوبر2010ء	ڈاکٹر قطب سرشار نمبر	5	10	

دوماہی وسہ ماہی رسائل

مجلّہ عثمانیہ

اس کا پہلا شمارہ فروری 1926ء کو نکلا۔ 1947ء تک یہ رسالہ سہ ماہی تھا لیکن 1950ء کے بعد اس کی وقفہ اشاعت میں تبدیلی ہوئی اور یہ ششماہی کر دیا گیا۔ پھر اس کے بعد سالنامہ کی صورت میں شائع ہوتا رہا اور ہر سال شعبہ اردو جامعہ عثمانیہ سے شائع ہوتا تھا۔ اس رسالہ کی اجرائی کے سلسلہ میں معین الدین قریشی اور ڈاکٹر زورؔ کی کوششوں کو بھی بڑا دخل رہا ہے چنانچہ یہی دونوں طلباء اس کے پہلے مدیرین کی حیثیت سے نامزد بھی ہوئے تھے۔ اس کے پہلے شمارہ میں خلیفہ عبدالحکیم، حبیب اللہ رشدی، عبدالقادر سروری، سید وقار احمد، احمد عارف اور مرزا المنشرح کی تخلیقات شامل تھیں۔ مجلّہ ''عثمانیہ'' کے ادبی مقام کا تعین کرنا کوئی مشکل کام نہیں اس کے عام شماروں کے علاوہ خصوصی نمبروں کے مطالعہ کے بعد ہم یہ کہہ سکتے ہیں کہ مجلّہ عثمانیہ کو ہندوستان بھر کے جامعیاتی رسالوں میں صف اول کے رسائل میں شامل کیا جاسکتا ہے عام شماروں میں ادبی علمی اور تعلیمی مسائل پر مضامین شائع ہوا کرتے تھے۔ اس رسالہ کے بلند معیار ہونے کی ضمانت ان ادیبوں کے نام ہیں جنہوں نے مجلّہ کو اپنی نگرانی میں شائع کیا۔ وحید الدین سلیم پہلے نگراں ہیں جن کی دلچسپی اور اعلیٰ ذوق ادب نے اس کے پہلے ہی شمارہ کو ادبی اور تعلیمی نقطہ نظر سے معیاری بنا کر پیش کیا۔ مولوی عبدالحق، ڈاکٹر زور، عبدالقادری سروری اور ڈاکٹر مسعود حسین خاں دنیائے ادب میں اپنی تحقیق پسند تنقید اور ادبیت کی وجہ سے بلند مقام رکھتے ہیں ان اساتذہ اردو کی سرپرستی میں مجلّہ عثمانیہ کی اجرائی خود اس بات کا ثبوت ہے کہ مجلّہ عثمانیہ اردو ادب وشاعری میں اپنا بلند مقام بنا چکا ہے۔ مجلّہ عثمانیہ اب تک 9 رنمبر پیش کر چکا ہے ان میں سے اکثر ادبی اور تحقیقی نقطہ نظر سے بے حد اہمیت رکھتے ہیں۔

مجلّہ عثمانیہ نے خاص نمبرات شائع کئے ہیں جن کی تفصیل ذیل میں ہیں۔ طلبائے قدیم نمبر 1933ء مدیر بدر شکیب، جشن سمیس نمبر 1937، مدیر اشفاق حسین مہاراجہ نمبر 1945ء مدیر احمد خاں (حیدری نمبر 1942 مدیر سید محمد)۔ جامعہ عثمانیہ نمبر 1959 ہاشم حسین سعید، حیدرآباد نمبر 65-1964 مدیر ابوالقیص یہ نمبر تاریخی اور دستاویزی حیثیت کے حامل ہیں اور جلیل نمبر 1945ء مدیر حسن الدین احمد عہد جدید نمبر 59-1958

مدیر یوسف الدین اور دکنی نمبر 63-1964 مدیر مصطفیٰ کمال، مقالہ نمبر 67-1966ء مدیر زاہدہ ابوالحسن، ادبی اور تہذیبی لسانی اور تحقیقی نقطہ نظر سے ان کی اہمیت بڑھ جاتی ہے۔

جیسے ہی جامعہ عثمانیہ سے اردو زبان کی بنیادی اہمیت ختم ہوگئی مجلّہ عثمانیہ کی اہمیت بھی گھٹ گئی۔ معیار میں تبدیلی آئی اور یہ تبدیلی بڑی ناخوش گوار تبدیلی ہے جامعہ کا یہ مجلّہ سہ ماہی سے سالانہ کر دیا گیا۔ آج کل شعبہ اردو عثمانیہ یونیورسٹی سے ''مجلّہ تحقیقات اردو'' پروفیسر غلام عمر خاں کی ادارت میں ڈاکٹر یوسف سرمست، ابوالفضل سید محمود قادری، ڈاکٹر محمد علی اثر کے تعاون سے شائع ہو رہا ہے اس کے پہلے شمارے میں جامعہ عثمانیہ کے اساتذہ اور اس کے ملحقہ کالجوں کے اساتذہ کی تحقیقی وتنقیدی نگارشات شائع کی گئیں ہیں۔ اس کے قلمی معاونین میں ڈاکٹر محمد علی اثر، محمد ہاشم علی، عقیل ہاشمی، ڈاکٹر مغنی تبسم، ڈاکٹر یوسف سرمست، ناز صدیقی، اشرف رفیع شامل ہیں۔

جامعہ عثمانیہ سے ملحقہ ومسلمہ درس گاہوں سے میگزین شائع ہوتے رہے ہیں جن میں مدرسہ فوقانیہ چوک کی جانب سے ''نورس'' نظام کالج سے ''نظام ادب'' حیدرآباد ایوننگ کالج سے ''شب تاب'' اور انوار العلوم ملے پلی سے ''شعاع'' و''انوار'' اردو آرٹس ایوننگ کالج حمایت نگر سے ''پھول بن'' شائع ہوتے رہے ہیں۔ ان مجلوں میں طلباء کی ابتدائی کاوشیں اور اساتذہ کے مضامین شائع ہوتے رہے ہیں۔ مجلّہ عثمانیہ نے 67-1966ء میں اپنی خصوصی اشاعت ''مقالہ نمبر'' شائع کیا اس نمبر کے مدیر اعلیٰ زاہدہ ابوالحسن تھے اور مدیران میں ارشاد علی خاں سید بشارت علی شامل تھے۔ جناب مصطفیٰ کمال نے اس مقالہ نمبر پر اپنا تبصرہ ''پونم'' کے فروری 1968ء کی اشاعت میں آئینے کے عنوان سے شائع کروایا۔ وہ اس طرح سے ہے۔ ''آرٹس و کامرس کالج جامعہ عثمانیہ کا زیر نظر شمارہ'' ''مقالہ نمبر'' ہے یہ مجلّہ کی دسویں اشاعت ہے دلچسپ بات یہ ہے کہ مجلّہ عثمانیہ کی زندگی کے آخری چار برسوں اور اردو کے اس پر آشوب دور میں تین خصوصی نمبر شائع ہو چکے ہیں۔ اس شمارہ میں ایم اے اردو کیلئے داخل شدہ امتحانی مقالوں سے مضامین لئے گئے ہیں اور اسی مناسبت سے ''مقالہ نمبر'' کا نام دیا گیا ہے لیکن مرتبین نے غلطی یہ کی ہے بعض دوسرے مضامین بھی اس نمبر میں شامل کر لئے ہیں جس سے رسالہ کی خصوصیت متاثر ہوگئی ہے اور ساتھ ہی ناواقف قارئین کے لئے غلطی فہمی کا موجب ہے۔

208 صفحات پر مشتمل اس نمبر میں مضامین کو چھ مختلف عنوانات کے تحت تقسیم کیا گیا ہے حصہ تحقیقات میں تین مضامین شامل ہیں پہلے مضمون میں دکنی ادب میں مستعملہ ضرب الامثال کو حوالوں کے ساتھ یکجا کیا گیا ہے اور جہاں ضرورت سمجھی گئی فارسی پنجابی انگریزی اور ضرب المثل کی موجودہ شکلیں بھی دی گئی ہیں۔ دوسرا مضمون شاہ کمال کے غیر مطبوعہ تذکرے ''مجمع الانتخاب'' پر سپرد قلم کیا گیا ہے مضمون نگار نے اس جائزہ میں تحقیق اور تنقید کا حق ادا کیا ہے۔ حیدرآباد کے اردو ادب رسائل کا مضمون نگار سخت مصلحتوں کا شکار معلوم ہوتا ہے۔ مضمون میں بعض اچھے رسائل کا تذکرہ نہیں ہے جبکہ ان کے مقابلے میں غیر معیاری اور معمولی نوعیت کے رسالوں کا ذکر ملتا ہے رسائل پر تبصروں کا انداز بھی غیر صحتمندانہ ہے، ''لسانیات'' کے شعبہ میں صرف دو مضامین شامل ہیں ایک مضمون میں دکنی اور پنجابی کا تقابلی مطالعہ قواعد کی روشنی میں کیا گیا ہے مضمون نگار کی پنجابی سے واقفیت نے مضمون کو سند عطا کیا ہے مضمون ''اردو کے مختلف نام'' میں کوئی 16 نام گنائے گئے ہیں جب کہ 25 سے زائد ناموں کی تحقیق ہو چکی ہے۔ نظریات کے ضمن میں ''ہیئت اور مواد'' نہایت معلوماتی اور مفید مضمون ہے البتہ یہ بات کھٹکتی ہے کہ مضمون نگار نے اپنے مقالہ میں مغربی نقادوں اور مفکرین کے خیالات کی ترجمانی پر اکتفا کیا ہے دوسرا مضمون ''شاعری'اس کی اہمیت وغایت'' مضمون نگار کے معیار سے اونچا ہے جس کی شمولیت ضروری نہیں تھی۔ نقد شعر کے حصہ میں توفیق حیدرآبادی، نظم طباطبائی، جلیل مانک پوری، مخدوم اور یگانہ کی شاعری کے مختلف پہلوؤں پر تنقید کی گئی ہے۔ ''نظم کی غزل'' اور ''سرخ سویرا کی شاعری'' زیادہ محنت سے لکھے گئے ہیں مضمون نظم کی غزل کا انداز بیان نہایت دلفریب ہے مخدوم کی شاعری پر بہت کم کچھ لکھا گیا ہے سرخ سویرا کی شاعری میں ان کے کلام کے بعض نئے پہلوؤں کو اجاگر کیا گیا ہے نقد شعر میں ایک مضمون اردو شہر آشوب بھی شریک ہے جس میں اس صنف کی تاریخ کا جائزہ لیا گیا ہے نقد شعر کے تحت عصمت چغتائی کا فنی شعور ''نثر کی تشکیل جدید اور سردار جعفری'' اور خطوط نگاری شامل ہیں ان مضامین کا معیار اوسط ہے اور آخر الذکر مضمون نہایت تشنہ اور غیر ضروری ہے۔

شخصیت اور کارنامے کے تحت آصف سابع، ڈاکٹر ذاکر حسین، شمس اللہ قادری، ڈاکٹر زور اور نصیر الدین ہاشمی پر معلوماتی مضامین شریک کئے گئے ہیں لیکن عام طور پر یہ شخصی حیثیت کے حامل ہیں جن سے اکثریت

کی دلچسپی کم ہوجاتی ہے مجلّہ کے آخر میں شعبہ اردو کے تحقیقاتی کام تصنیفات وتالیفات کی فہرستیں دی گئی ہیں جس سے بیک نظر شعبہ کی ترقی اور کارکردگی کا پتہ چلتا ہے۔ مجموعی حیثیت سے مجلّہ کی اشاعت ایک معیاری علمی وادبی اضافہ اور مرتبین وشعبہ اردو کے اچھے مذاق کا مظہر ہے۔ (پونم فروری 1968ء)

الموسی

سٹی کالج کی جانب سے ''الموسی'' کی اجرائی 1933ء میں عمل میں آئی اور مرزا سرفراز علی مدیر اور یونس سلیم نائب مدیر منتخب ہوئے الموسی ابتداء میں سہ ماہی رسالہ کی حیثیت سے شائع ہوا لیکن 1948ء سے حالات بدل جانے کی وجہ سے سالانہ کردیا گیا ابتدأ میں ابوظفر عبدالواحد صاحب اور پروفیسر سید محمد صاحب اس رسالہ کے مشیر تھے اس کے بعد عرصہ دراز یعنی 1958ء تک اکبرالدین صاحب صدیقی تنہا مشیر رہے اس رسالہ میں اساتذہ کے علاوہ طلباء کے بھی مضامین ہوا کرتے تھے سرفراز علی صاحب آج کل نائب ناظم تعلیمات ہیں اور یونس سلیم پارلیمنٹ کے ممبر منتخب ہوئے ہیں۔ ''الموسی'' اپنی اجرائی کے بعد سے آج تک برابر شائع ہورہا ہے لیکن اب اس کا نام ''الموسی کے بجائے'' سٹی کالج میگزین ہوگیا ہے۔ الموسی کے عام شماروں کے علاوہ خاص نمبر بھی نکلے ہیں جن میں ''ولی نمبر'' اور ''ٹیگور نمبر'' خصوصی اہمیت کے حامل ہیں۔ غالباً 1950ء سے ''الموسی سٹی کالج میگزین'' کے نام سے شائع ہونے لگا ہے اس میں زیادہ تر طلباء ہی کی نگارشات اور کاوشوں کو جگہ دی جارہی ہے۔ اس رسالہ میں ادبی اور علمی وتنقیدی مضامین شائع ہوتے رہے ہیں۔ اس وجہ سے حیدرآباد کی درسگاہوں سے شائع ہونے والے رسائل میں خصوصی اہمیت رکھتا ہے آج بھی ہر سال پابندی سے شائع ہوتا ہے۔

طیلسانین

''مجلّہ طیلسانین'' جامعہ عثمانیہ کے فیوض وبرکات میں سے ایک اہم برکت بن کر جنوری 1937ء سے جاری ہوا اور اپنی ۱۲ر جلدیں پوری کر کے 1949ء میں نامساعد حالات کا شکار ہوگیا۔ یہ رسالہ معنوی اور ظاہری طور پر خوبصورت اور مفید تھا اس میں طیلسانین جامعہ عثمانیہ کے علمی وادبی مضامین اور مقالات بھی بالاقسط شائع

ہوتے رہے۔ ابتداء میں اس کی مجلس ادارت میں ڈاکٹر زور، پروفیسر عبدالمجید صدیقی، ڈاکٹر غلام رشید، مہندر راج سکسینہ اور پروفیسر سید محمد شریک تھے۔ بعد میں محمد غوث صاحب بحیثیت مدیر اس سے منسلک ہوگئے۔ مجلّہ طیلسانین کی ادارت میں یہ تبدیلیاں خوش آئند ثابت ہوتی رہیں معیار میں اضافہ ہوتا رہا اور مزید خصوصیت یہ رہی ہے کہ اجرائی کے سات سال بعد معاشیات کے لئے اس رسالے کا بڑا حصہ مختص کر دیا گیا۔ اس مجلّہ کو طلباء اور اساتذہ کا یکساں طور پر تعاون حاصل تھا۔ چونکہ مجلس علمیہ کا سہ ماہی تھا اس وجہ سے اس مجلس کی مکمل روئیداد اس میں شائع ہوا کرتی تھی۔ مقالوں کے علاوہ ادبی سیاسی اور تاریخی موضوعات پر مضامین نئی کتابوں پر تبصرے اور افسانے وغیرہ شائع ہوتے تھے۔

شعور

اردو کے مشہور لسانیاتی نقاد ڈاکٹر مغنی تبسم (والا شان مکرم) اور اختر جہاں نے قمر ساحری، عاتق شاہ، سرور ڈنڈا کے تعاون سے دو ماہی رسالہ ''شعور'' جاری کیا۔ اس کا پہلا شمارہ مارچ 1954ء میں شائع ہوا۔ اردو ادب کے مشہور محقق وادیب پروفیسر عبدالقادر سروری اس جریدہ کے مدیر اعزازی تھے۔ نصیر اختر صدیقی جو اس دور کے ابھرتے ہوئے افسانہ نگار تھے اس کے پبلشر تھے۔ بالتصویر تھا اور حسن کاری میں سرور ڈانڈا کا عمل تھا۔ اس کا سائز ہما ڈائجسٹ کی طرح کا ہوتا تھا جملہ تین شماروں کی اجرائی کے بعد اس کی اشاعت موقوف ہوگئی۔ اس رسالہ میں مختلف عنوانات کے تحت اداریہ لکھے جاتے رہے جن میں ''آج کی رات'' نشتؔ و گفتؔ و برخاستؔ اور ''میں کیا کروں''۔ زمانہ اگر قدرداں ہے اب اس میں کل ہند انجمن ترقی پسند مصنفین کے فیصلوں اور مسائل پر روشنی ڈالی جاتی رہی دراصل یہ ترقی پسند ادب کا ترجمان تھا۔

اس کے قلمی معاونین میں شاہد صدیقی، مجروح سلطان پوری، اختر انصاری، حمید الماس، خواجہ احمد عباس، عاتق شاہ، مغنی تبسم، غیاث متین، زبیر رضوی جیسے ترقی پسند و بلند پایہ ادیب شاعر اور نقاد کا تعاون حاصل تھا اسکے تین شمارے نکلے جو 112 صفحات پر مشتمل ہوا کرتے تھے آخر کار نامساعد حالات کی وجہ سے بند ہوگیا۔

گجر

اس رسالے کی وقفہ اشاعت دو ماہی نوعیت کی تھی اور یہ ترقی پسند ادب کا ترجمان تھا۔اس کا پہلا شمارہ فروری مارچ 1955ء کو نجم الثاقب شحنہ کی ادارت میں سلیمان اریب ، وحید اختر اور شاذ تمکنت کے تعاون سے شائع ہوااس جریدہ میں ''زیرلب'' کے مستقبل عنوان سے اردو ادب کی ترویج وارتقاءاور ترقی پسند مصنفین کی تنظیم کے مسئلہ پر اظہار خیال کیا جا تا رہا۔ کیفیت وکمیت اور معیار کے لحاظ سے یہ ادبی رسالہ کہلانے کا مستحق تھا لیکن بدقسمتی سے اس کے بمشکل دو تین ہی شمارے نکل پائے تھے کہ اس کی اشاعت موقوف ہوگئی۔اس رسالے کے قلمی معاونین میں قاضی عبدالغفار، خواجہ احمد عباس، اوپندر ناتھ اشک ،سردار جعفری ،سجاد ظہیر، جوش ملیح آبادی وغیرہ جیسے بلند پایہ شاعر ادیب وافسانہ نگار کا تعاون حاصل تھا۔ان کے علاوہ اس کے ساتھ قلمی تعاون کرنے والوں میں عالم خوندمیری ، زینت ساجدہ، نجمہ سمیع ،احمد مکی ،اعجاز حسین ،نورالحسن ہاشمی ،ظہیرالدین مدنی اور شمیم احمد، جوشؔ، فراقؔ، پرویز شاہدی، نظرؔ ،اثر لکھنوی، آنند نرائن ملا، مخدوم ، اظہر کاشمیری ،سلام مچھلی شہری ،شاد عارفی ،سکندر علی وجد، یعقوب عثمانی ، تاجور سامری،س۔ا۔عشرت ،ساغر نظامی ،سلیمان اریب ،فیض احمد فیض ،خلیل الرحمٰن اعظمی ، وحید اختر ،اکبر حیدرآبادی، تحسین سروری، راہی معصوم رضا، شہاب جعفری، بلراج کومل ،نریش کمار ،عزیز قیسی ، باقر مہدی ،حمایت علی شاعر ،قاضی سلیم ، زبیر رضوی، کنول پرشاد کنول ،جگر مرادآبادی ، مجنوں گورکھپوری ،احمد ندیم قاسمی ، بشر نواز ،مظہر امام ،قتیل شفائی ،سرور ڈنڈا ،اختر انصاری، شاذ تمکنت ایسے شعراء شامل تھے۔اور افسانہ نگار وخاکہ نگاروں میں دیوندر اسر، جیلانی بانو ، سہیل عظیم آبادی ، رضیہ سجاد ظہیر، کرتار سنگھ دگل ،اقبال متین ،انور عظیم ،عصمت چغتائی ، ل احمد ، امرت رائے ، ہاجرہ مسرور ،فکر تونسوی ، ملک راج آنند ، واجدہ تبسم ، کشمیری لال ذاکر اور ہنس راج رہبر شامل تھے۔ یہ نام اردو ادب کے بجائے خود تاریخ ہیں ان ناموں سے گجر کے اعلیٰ معیار کا بھی اندازہ ہوتا ہے

مجلس

اکتوبر 1958ء میں اردو مجلس حیدرآباد کی طرف سے ایک سہ ماہی رسالہ ''مجلس'' جاری کیا گیا اس

رسالے کوترتیب دینے والوں میں ڈاکٹر مغنی تبسم اور منظور احمد صاحب تھے اس رسالے کے رسم اجراء پر متعدد اہل قلم حضرات جن میں ڈاکٹر غلام یزدانی، حبیب الرحمٰن، ڈاکٹر محی الدین قادری زور، سعید جنگ جانکی پرشاد وغیرہ نے اپنے تاثرات و نیک خواہشات کا اظہار کیا۔ اس ادبی جریدے میں حیدرآباد کے علاوہ ملک بھر کے ممتاز دانشور اور قلمکار لکھتے رہے خاص کر اردو مجلس میں پڑھے جانے والے مضامین شامل کئے جاتے تھے۔ اردو مجلس کے تحت مختلف یوم منائے جاتے تھے ان موقعوں پر پڑھے گئے مضامین خصوصی اشاعتوں میں شامل کئے جاتے۔ مجلس نے اپنی زندگی میں مختلف خاص نمبر شائع کئے جن میں مومن نمبر، غالب نمبر، عبدالحق نمبر، فراق نمبر وغیرہ قابل ذکر ہیں مجلس کے قلمی معاونین میں پروفیسر عبدالقادر سروری، ڈاکٹر سعیدہ جعفر، ڈاکٹر ثمینہ شوکت، خلیق انجم، اسلوب احمد انصاری وغیرہ شامل تھے۔ مجلس کی اشاعت ڈسمبر 1961ء میں مالی بحران کی وجہ سے موقوف ہوگئی۔

شعر و حکمت

ادارہ شعر و حکمت جس کا مقصد ادبی جلسے منعقد کرنا اور سمینار و اشاعت کتب رسالہ کی اشاعت شامل تھا اس طرح سے ادارہ شعر و حکمت کے اراکین میں صدر ڈاکٹر مغنی تبسم اور نائب صدر شہریار کی کوششوں سے ایک سہ ماہی رسالہ شعر و حکمت نکلتا تھا۔ یہ ادارہ شعر و حکمت کا ترجمان تھا۔ یہ رسالہ 1970ء سے 1975ء تک نکلتا رہا۔ شروع میں اس میں شاعری کی تنقید پر مبنی مضامین شائع کئے جاتے رہے لیکن بعد میں افسانے بھی شائع کئے جانے لگے اردو میں جدیدیت کو فروغ دینے میں اس رسالے نے اہم حصہ ادا کیا۔ ہندوستان و پاکستان کے تمام نئے لکھنے والوں کا اس کو تعاون حاصل تھا۔

اس میں نظموں کا تجزیہ، ہندوستانی زبانوں اور بیرونی اہم زبانوں کی شعری تخلیقات اور ادبی مقالوں کے تراجم بھی شائع کئے جاتے تھے۔ اس کے علاوہ اس رسالے نے کتابوں پر مفصل تنقیدی مضامین شائع کرنے کی روایت قائم کی۔ ہندوستان و پاکستان کے بہت سے نئے شاعر جنہوں نے بعد میں ادب میں اپنا نام پیدا کیا ان کو متعارف کروانے میں شعر و حکمت کا حصہ رہا ہے۔ شعر و حکمت کے پہلے شمارہ کی اجرائی جنوری 1970ء میں

عمل میں آئی اور روز اول سے ہی اختر جہاں اور مغنی تبسم کی ادارت میں شائع ہوتا رہا اس رسالے میں ''ادیب کا سماجی رول'' کے عنوان سے مستقل اداریئے شہریار اور مغنی تبسم نے لکھے۔ اس کی خصوصیت میں یہ بات قابل ذکر ہے کہ اس میں ''مشرق ومغرب کے نغمہ'' کے عنوان سے مغربی ادیب وشعراء کی تخلیقات کو اردو میں ترجمہ کر کے شائع کیا جاتا رہا۔ اس کی دوسری خوبی یہ تھی کہ اس کا خاص نمبرن۔م۔راشد نمبر کے نام سے شائع ہوا جس کو ناگپور اور جموں یونیورسٹی کے نصاب میں شامل کیا گیا اس ادبی سہ ماہی جریدے کے عام اور خاص شمارے کیفیت وکمیت کے لحاظ سے معیاری ہوتے تھے۔ اس کے ہر شمارے کے 384 صفحات ہوا کرتے تھے۔

اس رسالے میں لکھنے والے نقادوں میں مسعود حسین خان، عالم خوندمیری، خلیل الرحمٰن اعظمی، پروفیسر اسلوب احمد انصاری، پروفیسر گوپی چند نارنگ، شمس الرحمٰن فاروقی، وارث علوی، ڈاکٹر مغنی تبسم، ڈاکٹر عصمت جاوید، ڈاکٹر شمیم حنفی، ڈاکٹر وحید اختر، حسن عسکری، اختر الایمان وغیرہ شعراء میں ن۔م۔راشد، وزیر آغاز، منیر نیازی، بلراج کومل، ظفر اقبال، محمود ایاز، مغنی تبسم، شفق فاطمہ شعریٰ، وحید اختر، شاذ تمکنت، محمد علوی، بشر نواز، انور معظم، حمید الماس، سلطان اختر، ممتاز راشد، صلاح الدین نیر، من موہن تلخ، شہریار، آزاد گلاٹی، عباس اظہر، شمس الرحمٰن فاروقی، خورشید احمد جامی، زبیر رضوی، سلیمان اریب، عزیز قیسی، شمیم حنفی وغیرہ شامل تھے۔ اس رسالے کے سال میں دو شمارے نکلتے تھے۔ چار سال میں سات شمارے نکلے اس کے مرتبین ڈاکٹر مغنی تبسم اور شہریار تھے اس رسالے کا اب پھر احیاء عمل میں آنے والا ہے۔ شعر وحکمت میں کئی ممتاز ادیبوں شاعروں اور دیگر زبانوں کے فنکاروں کے بارے میں خصوصی گوشے شائع کئے۔ اس طرح اردو صحافت کو ایک نیا موڑ دیا ہے۔ جن میں گوشہ مشتاق احمد یوسفی، گوشہ عشرت آفرین، گوشہ سید محمد اشرف، گوشہ قاضی سلیم، گوشہ اوم پرکاش نرمل شامل ہیں۔

مبصر

نظامس اردو ٹرسٹ لائبریری کے زیر نگرانی ''حلقہ ارباب ذوق'' قائم کیا گیا ہے اس کے تحت ماہانہ ادبی اجلاس منعقد کئے جاتے ہیں ان اجلاس میں عام ادبی نوعیت کے مضامین کے بجائے کتابوں پر مفصل تنقیدی

مضامین پڑھے جاتے رہے اور ان مضامین کو ''مبصر'' میں شائع کیا جاتا رہا۔ تبصروں کا جلسوں میں پڑھا جانا اور پھر ان کی اشاعت اردو ادب کی دنیا میں ایک کامیاب تجربہ ہے۔ ''مبصر'' سے پہلے ایک رسالہ ''ادبی تبصرے'' شائع ہوتا تھا جس میں صرف تبصرے ہی شائع ہوا کرتے تھے لیکن اس کے دو ایک ہی شمارے نکل سکے اور اس کے بعد اس کی اشاعت موقوف ہوگئی۔ ''ادبی تبصرے'' کی نوعیت ''مبصر'' سے مختلف تھی نہ تو اس کا تعلق کسی لائبریری سے تھا اور نہ ہی یہ تبصرے کسی جلسے میں پڑھے جاتے تھے۔ ''مبصر'' کے تبصرے پہلے ''حلقہ ارباب ذوق'' کے جلسے میں پڑھے جاتے ہیں اور یہ جلسے اردو ٹرسٹ لائبریری میں منعقد کئے جاتے ہیں ان جلسوں کی نمایاں افادیت یہ ہے کہ وہ لوگ جو عام طور پر صرف ادبی جلسوں میں شریک ہوا کرتے ہیں۔ ان جلسوں سے مستفید ہوتے ہیں اور ان جلسوں کی روداد یں ''مبصر'' کے ذریعہ قارئین تک پہنچ جاتی ہیں۔

مبصر نظامس اردو ٹرسٹ لائبریری کا ترجمان ہے یہ سہ ماہی نوعیت کا رسالہ ہے۔ ''حلقہ ارباب ذوق'' کے ترجمان کی حیثیت سے شائع کیا جاتا ہے جس کے نگراں نظامس اردو ٹرسٹ کے سکریٹری جناب عبدالمحمود صاحب ہیں اس رسالے کے مجلس مرتبین میں محمد اکبرالدین صدیقی، ڈاکٹر یوسف سرمست اور محمد منظور احمد منظور صاحب شامل ہیں۔ اس کی ایک مجلس مشاورت بھی تشکیل دی گئی جس کے اراکین میں سید علی اکبر، محامد علی عباسی، ایم ایم بیگ، ڈاکٹر گوپی چند نارنگ، ڈاکٹر عبدالستار ردلوی اور خواجہ عبدالغفور صاحب شامل تھے مرتب کی حیثیت سے جناب مغنی تبسم صاحب اس کے فرائض انجام دے رہے ہیں۔ مبصر کے پہلے شمارے کی اشاعت مارچ 1977ء میں عمل میں آئی اس میں جدید مطبوعات کا تعارف کروایا جاتا ہے۔ ''مبصر'' کے لئے اردو کی معیاری سنجیدہ و تازہ تصنیف کے علاوہ کلاسیکی ادب میں شمار کی جانے والی کتابوں پر ممتاز اور مشہور ادیبوں اور تنقید نگاروں سے تبصرے لکھوائے جاتے ہیں۔ تبصرے نگار تبصروں کو اسٹڈی سرکل حلقہ ارباب ذوق کے ماہانہ اجلاسوں میں پڑھتے ہیں ان اجلاسوں کے بیشتر مضامین ان ہی تبصروں پر مشتمل رہتے ہیں جو مبصر میں شائع ہوتے ہیں۔ مبصر میں بیرون حیدرآباد کے ادیبوں اور نقادوں کے ارسال کئے ہوئے تبصرے بھی شائع ہوتے ہیں۔ تبصروں کی اشاعت کا سب سے اہم مقصد یہ ہے کہ اچھی کتابوں کا مناسب اور موزوں تعارف ہوتا رہے اور پڑھنے والوں

کے ذوق مطالعہ کی تربیت کے سامان مہیا کیے جائیں اسطرح سے ''مبصر'' نئی کتابوں پر تبصرے شائع کروانے میں منفرد مقام رکھتا ہے۔ مبصر کے قلمی معاونین میں ڈاکٹر مغنی تبسم، ڈاکٹر سلیمان اطہر جاوید، ڈاکٹر مرزا صفدر علی بیگ، ڈاکٹر سیدہ جعفر، ڈاکٹر مظفر حنفی، ڈاکٹر گیان چند جین، ڈاکٹر ثمیہ شوکت، ڈاکٹر سید مجاور حسین رضوی، پروفیسر مسعود حسین خاں، ڈاکٹر احمد سجاد، اختر حسن، ابوالفیض سحر، ڈاکٹر سید احتشام احمد ندوی وغیرہ شامل تھے۔ مبصر کا ہر شمارہ لگ بھگ سو صفحات یا ایک سو پچیس صفحات پر مشتمل ہوتا ہے تا حال اس کے 18 شمارہ شائع ہوئے ہیں۔

اقبال ریویو

آزادی کے بعد یہ اپنی نوعیت کا منفرد رسالہ ہے۔ اس کا شمار شخصی رسالے کے زمرہ میں ہوتا ہے یہ اس اعتبار سے بھی قابل لحاظ ہے کہ اس میں کسی ایک شاعر کے کلام فکر وفن کو پیش کیا جاتا ہے چنانچہ اردو ادب کے مشہور شاعر و مفکر اسلام علامہ اقبال کے کلام کو تابندگی بخشنے اور ان کے حرکیاتی پیام کو عام کرنے اور اقبالیات کو دور حاضر کے تقاضوں کے چوکھٹے میں سمجھنے کیلئے اور نئی نسل میں مطالعہ اقبال اور موضوعات اقبال کو عام کرنے کی غرض سے یہ سہ ماہی جریدہ شائع کیا گیا۔ اس کا پہلا شمارہ اقبال اکیڈیمی کی جانب سے اکتوبر 1977ء کو شائع ہوا۔ پہلے شمارہ کے مجلس مشاورت میں عالم خوندمیری، جگن ناتھ آزاد، ڈاکٹر صفدر بیگ اور مجلس ادارت میں محمد منظور احمد، محمد ظہیر الدین، منیر احمد خاں شامل ہیں۔ اس کا ہر شمارہ ۱۱۲ یا ۹۶ صفحات پر مشتمل ہوتا ہے۔

مطالعہ اقبال اور اقبال کے اسکالر کے لئے یہ جریدہ خاص اہمیت کا حامل ہوگا۔ چونکہ اس میں اقبال پر اور ان کے فکر وفن پر مدلل بحث اور تبصرہ مضامین و مقالات شائع ہوتے رہے۔ اس کی مجلس ادارت و مجلس مشاورت میں وقفہ وقفہ سے تبدیلی ہوتی رہی۔ اس سہ ماہی جریدہ کے قلمی معاونین میں پروفیسر گیان چند جین، عالم خوندمیری، جگن ناتھ آزاد، پروفیسر اسلوب احمد انصاری، ڈاکٹر یوسف سرمست وغیرہ شامل تھے۔ آج بھی اقبال اکیڈیمی کی جانب سے پابندی سے مصلح الدین سعدی کی ادارت میں شائع ہوتا ہے اور ان ہی کی ادارت میں اپریل جون 1984ء کو ایک خاص نمبر شائع ہوا جس کو آرکائیوز نمبر سے موسوم کیا گیا۔ اس نمبر کی خاص اہمیت

یہ ہے کہ اس میں سید شکیل احمد کی دریافت اوران کی تحقیق پر اردو کے مشہور و بلند پایہ محقق پروفیسر گیان چند جین کی گراں قدر رائے شامل ہے۔''انہوں نے شکیل احمد کی تحقیق پر اظہار خیال کرتے ہوئے فرمایا ہے کہ مندرجہ بالا موضوعات میں سے بیشتر پہلے ہی سے معلوم ہیں ان کی کثیر تفصیلات بھی معلوم ہیں ان کی کثیر لیکن دفتری ریکارڈ اور اصل دستاویزوں سے شکیل احمد نے جو جزئیات فراہم کی ہیں وہ ان کا تحقیقی کارنامہ ہے ان تحریروں اور فرامین سے حیدرآباد کے مقام بلکہ خود نظام کا اقبال کی طرف زاویہ نظر معلوم ہوتا ہے۔''

اقبال ریویو نے خصوصی نمبر بھی شائع کئے ہیں۔جن کی تفصیل حسب ذیل ہے۔

(۱) اقبال ریویو نومبر 1999ء خصوصی شمارہ ''شکوہ جواب شکوہ کا توضیحی مطالعہ'' (جلد ۸ شمارہ ۲ ششماہی)

(۲) نومبر 2001ء خصوصی شمارہ ''حضور رسالتؐ (ارمغان حجاز کا ایک باب) (جلد ۱۰ شمارہ ۲ ششماہی)

(۳) خصوصی شمارہ اپریل 2002ء ''اقبال کی نعتیہ شاعری'' پروفیسر غلام دستگیر رشید مرحوم کا مقالہ (جلد ۱۱، شمارہ ۱)

(۴) نومبر 2002ء گوشہ پروفیسر ایم ایم تقی خان۔

(۵) نومبر 2003ء گوشہ انا ماری شمیل۔

(۶) خصوصی پیشکش اپریل 2005ء ''اقبال اور قائد ملت بہادر یار جنگ''

(۷) نومبر 2005ء ''اقبال اور جمال الدین افغانی نمبر''

(۸) اپریل 2006ء خصوصی پیشکش ''اقبال کے غیر مطبوعہ خطوط، گوشہ علامہ عبداللہ عمادی، گوشہ پروفیسر ابوظفر عبدالواحد، گوشہ پروفیسر غلام دستگیر رشید، گوشہ ڈاکٹر سید عبدالطیف

(۹) اپریل 2007ء ''مولانا جلال الدین رومی''

(۱۰) اپریل 2009ء خصوصی پیشکش انتخاب نمبر (اقبال ریویو کے سابقہ شماروں سے انتخاب) (جلد ۱۸، شمارہ ۱)

تادم تحریر اس ششماہی رسالے کے مدیر سید امتیاز الدین اور مجلس مشاورت میں جناب محمد ظہیر الدین احمد صدر اقبال اکیڈیمی حیدرآباد، پروفیسر رفیع الدین ہاشمی لاہور، مجلس ادارت میں جناب محمد ضیاء الدین نیر، نائب صدر اکیڈیمی، سید امتیاز الدین، معتمد اکیڈیمی وایڈیٹر شامل ہیں۔

بچوں کے رسائل

تاریخ اردو صحافت میں ابتداء ہی سے بچوں کے ادب کی طرف خصوصی توجہ دی جاتی رہی ہے جہاں مردان ہنر مند نے اردو صحافت کو اپنے ادب فلسفہ اور سیاست کی جولان گاہ بنایا وہیں خواتین دکن نے اس کے ذریعہ اپنی صلاحیتوں کو پروان چڑھایا اور بچوں کی تعلیم و تربیت کیلئے اور ان میں صحیح ذوق ادب اور شعور زندگی پیدا کرنے کیلئے حیدرآباد کے ذہین صحافیوں نے مختلف رسائل و جرائد جاری کئے ان رسائل کے علاوہ روزناموں نے ہر ہفتہ اپنے ایڈیشن میں بچوں کیلئے صفحے مختص کئے جن میں کہانیاں، معلوماتی مضامین، لطیفے اور پیاری پیاری سبق آموز نظمیں شامل رہیں۔ان کوششوں کے نتیجہ میں بچوں کی ایک نئی نسل سامنے آئی اور آگے چل کر اپنی صلاحیتوں کا لوہا منوالیا ہے۔

حیدرآباد کے روزناموں ''میزان'' اس حیثیت سے کافی اہم اخبار ہے جس نے بچوں کی لیگ قائم کی اس لیگ کی شاخیں شہر سے پھوٹ کر اضلاع تک پھیل گئی تھیں اور ممبروں کی تعداد ہزاروں میں تھی۔اس لیگ کے باضابطہ ماہ وار ادبی جلسے ہوا کرتے تھے اور ان جلسوں کی روئداد میزان میں شائع ہوا کرتی تھی۔بچوں کیلئے غلام محمد سالک نے ''میزان'' کے بیاچس بھی بنوائے تھے۔غلام محمد صاحب کو بچوں سے غیر معمولی انس تھا اور وہ جانتے تھے کہ آج کے یہ بچے کل کے بڑے ادیب شاعر دانشور اور سیاست داں ہوں گے اسی اخبار سے اظہر افسر نے اپنی صحافتی زندگی کا آغاز کیا تھا۔گو میزان کے مدیر حبیب اللہ اوج تھے لیکن اظہر افسر بچوں کا صفحہ ''بھائی جان'' کی حیثیت سے ترتیب دیا کرتے تھے۔میزان کی طرح روزنامہ رہبر دکن اور آگے چل کر رہنمائے دکن میں ہر دوشنبہ کو بچوں کا صفحہ شائع ہوا کرتا تھا۔اس کی اپنی ''ہماری لیگ'' بھی تھی ''ہماری لیگ'' میں بچوں کے خطوط کا جواب دیا جاتا اور ان کی کہانیوں کے بارے میں اچھی بڑی باتیں بتائی جاتیں اور انہیں مشورے بھی دیئے جاتے تھے۔ رہنمائے دکن میں بچوں کا صفحہ پیر کے ایڈیشن میں مختص کیا جاتا ہے اور یہ نوجوان طلباء وطالبات میں بے حد مقبول ہوتا جارہا ہے آزادی کے بعد بہت سے نئے اخبار مطلع صحافت پر نمودار ہوئے اور غائب بھی ہوئے اور جو اخبار

جاری ہیں ان میں بچوں کے صفحے کا فقدان ہے۔ ملاپ میں بچوں کے لئے ''بال سبھا'' کے عنوان سے ایک صفحہ مختص کیا جاتا تھا جس کو وقار خلیل ایک عرصہ تک ترتیب دیا کرتے تھے۔ بعد میں اس صفحہ کو بھی ختم کر دیا گیا۔ اس کے علاوہ انگارے میں بھی بچوں کیلئے ایک صفحہ مختص کیا جاتا تھا۔ اس کو وہاب حیدر ترتیب دیا کرتے تھے۔ ہمارا اقدام، نیا زمانہ، نیا اقدام اور عوام مختصر سے عرصہ کیلئے شائع ہوئے لیکن ان میں بچوں کا صفحہ بھی ہوا کرتا تھا۔

حیدرآباد میں بچوں کے رسائل کی تاریخ قدرے قدیم ہی ہے سب سے پہلے 1908ء میں بچوں کیلئے مولوی عبدالرب کوکب نے ''اتالیق'' شائع کیا یہ اپنی نوعیت کا پہلا رسالہ تھا۔ ورنہ حیدرآباد کا پہلا رسالہ طبابت سے لیکر ''اتالیق'' تک مختلف النوع رسائل جاری ہوئے۔ مگر اس دوران بچوں کا کوئی رسالہ جاری نہ ہوا تھا۔ اس لئے مولوی عبدالرب کوکب بچوں کے رسائل کے باوا آدم ہیں اتالیق دراصل ایک اصلاحی اور علمی رسالہ تھا۔ اسی کے ساتھ ہی سے بچوں کے رسائل کی طرف توجہ دی جانے لگی۔ چنانچہ بہت سے رسائل بچوں کے ادب اور ذوق کی تسکین کیلئے جاری کئے گئے۔ ان میں ادیب الاطفال 1911ء، المعلم 1914، نونہال 1921ء تارے 1947ء، بچوں کی دنیا 1949ء، نوخیز 1954ء بچپن 1954ء گلشن 1954، نونہال 1954ء انعام 1958ء ننھا 1959ء اور میرا رسالہ 1960ء جاری ہوئے۔ تارے مسلم ضیائی کی ادارت میں 1947ء میں شائع ہوتا تھا۔ یہ بالتصویر پندرہ روزہ نوعیت کا رسالہ تھا۔ اس میں نئے لکھنے والوں کا ایک گروپ شامل تھا۔ افسانے کہانیاں اور نظمیں شائع ہوتی تھیں۔ چند سال تک جاری رہنے کے بعد یہ موقوف ہوگیا۔ تارے کی موقوفی کے بعد سے بچوں کی دنیا میں جو خلاء پیدا ہوگیا تھا اس کو نوخیز کی اجراء نے پورا کیا۔ رسالہ نونہال بھی جو 1954ء میں بدر افسر (سابقہ نام حیدرالدین بدر) الیاس فاروقی شبنم، اور اعظم راہی کی کوششوں سے جاری ہوا جس میں کہانیاں اور افسانے شائع ہوا کرتے تھے۔ ''محفل'' بھی بدر افسر اور اعظم راہی اور الیاس فاروقی شبنم کی ادارت میں بچوں کیلئے شائع ہوتا رہا۔ اس میں بھی کہانیاں اور نظمیں شائع ہوتی رہیں۔ ''ننھا'' مسعود انصاری کی ادارت میں شائع ہوتا تھا یہ ایک خوبصورت اور معیاری رسالہ تھا۔ جو کھلونا، پھلواری، کلیاں، پیام تعلیم، کی صف میں جگہ پاتا تھا۔ میرا رسالہ جو شاہد عظیم صدیقی کی ادارت میں 1960ء سے شائع ہونا شروع ہوا تھا۔ لیکن یہ اپنی اولین

ساعتوں میں ہی بند ہوگیا۔ ان دنوں حیدرآباد سے بچوں کا کوئی بھی رسالہ نہیں نکلتا البتہ رہنمائے دکن میں بچوں کے لئے مضامین اور افسانے شائع کئے جاتے ہیں۔ مجموعی اعتبار سے دیکھا جائے تو بچوں کے رسائل کا فقدان ہے۔

نوخیز

منیر صفوی کی ادارت میں بچوں کیلئے رسالہ نوخیز 1953ء میں جاری ہوا۔ تارے کے بند ہوجانے کے بعد بچوں کے ادب میں جو خلاء محسوس کیا جارہا تھا۔ نوخیز کی اجراء سے اس کی بڑی حد تک تلافی ہوگئی۔ نوخیز سے انوارالحق بھی وابستہ تھے۔ اس میں دلچسپ کہانیاں، نظمیں اور لطیفے شائع کرتے تھے۔ نوخیز حیدرآباد سے نکلنے والا بچوں کا معیاری رسالہ تھا۔

گلشن

محمود انصاری کا حیدرآباد کے ذہین نوجوان میں شمار ہوتا ہے۔ گو یہ سائنس اور ٹکنالوجی کے طالب علم ہیں لیکن بچپن ہی سے ادب اور صحافت کا شوق رہا ہے چنانچہ رسالہ تارے اور نوخیز میں ان کی بیشتر کہانیاں شائع ہوئیں اور خود بھی 1954ء میں اپنا رسالہ گلشن جاری کیا۔ جو حیدرآباد کے باہر بھی بچوں میں بے حد مقبول ہوا۔ 1962ء میں گلشن کے بند ہونے کے بعد ''کاکل'' جاری کیا۔ کاکل اپنی نوعیت کا منفرد ہفتہ وار رسالہ تھا۔ اس میں ادب وسیاست سے متعلق مضامین اور اداریئے شامل ہوا کرتے تھے۔ 1967ء تک کاکل محمود انصاری کی ادارت میں نکلنے کے بعد احمد جلیس نے کچھ عرصہ تک کاکل جاری رکھا۔ اب یہ رسالہ موقوف ہوگیا ہے محمود انصاری عرصہ تک روزنامہ سیاست سے وابستہ رہنے کے بعد اب خود اپنا اخبار روزنامہ منصف جاری کیا اور مختصر سے عرصہ میں اپنا منفرد مقام بنالیا ہے۔

بچوں کی دنیا

اظہر افسر نے 1949ء میں بچوں کی دنیا (سات روزہ) جاری کیا۔ یہ اپنی نوعیت کا پہلا رسالہ تھا جو ہر

ساتویں روز شائع ہوا کرتا تھا۔اور یہ بالتصویر رسالہ تھا۔ چونکہ اس رسالہ کو بچوں کی ایک کثیر تعداد پسند کرتی تھی اور ان کا تعاون عمل بھی حاصل تھا اس لئے بہت جلد مشہور ممتاز بھی ہوا۔ اظہر افسر کا تعلق اردو صحافت سے میزان ہی کے زمانہ سے پیدا ہو چکا تھا۔ میزان پہلا روزنامہ تھا جس نے بچوں کیلئے مضامین شائع کئے چنانچہ اظہر افسر نے بھی بچوں کے ادب اور دلچسپی وذوق کی تسکین کیلئے بچوں کیلئے ''بچوں کی دنیا'' شائع کیا ہے۔ اظہر افسر نے بچوں کی دنیا کے معیار کو بلند کرنے اور اس کو ایک مقبول عام رسالہ بنانے کیلئے مختلف جدتیں کیں تھیں۔ مثلاً بچوں میں مطالعہ کا ذوق عام کرنے کیلئے دلچسپ کہانیوں اور نظموں کے علاوہ لطیفے اور کارٹون کو بھی جگہ دی بچوں کی دنیا کو مختلف رنگوں میں شائع کیا جانے لگا اور بچوں کی آسانی کیلئے کتابت بھی خوبصورت اور بڑی بڑی کروائی گئی بچے ذوق وشوق سے اور بڑی آسانی سے پڑھ سکے۔ بچوں کی دنیا کے لکھنے والوں میں مصلح الدین احمد، حمید الدین محمود، افتخار احمد اقبال، وحیدہ نسیم، عفت موہانی، محمود انصاری، وقار خلیل، شمیم انصاری، صبیحہ تسنیم، ڈاکٹر سلیمان اطہر جاوید شامل تھے۔ چند سال کے بعد یہ رسالہ بند ہو گیا۔

بچپن

اپنی نوعیت کا پہلا ہفتہ وار اخبار تھا جس میں بچوں کے لئے خبریں، مضامین، کارٹون اور لطیفے شائع ہوا کرتے تھے۔ 1954ء میں موسیٰ کاظم یداللہی نے اس اخبار کو جاری کیا تھا۔ بچپن کی انفرادیت ایک یہ تھی کہ اس میں بچوں کے لئے معمہ بھی شامل ہوا کرتا تھا۔ انعامات کی رقم روپیوں میں نہیں پیسوں میں ہوا کرتی تھی۔ آج بھی حیدرآباد کے تمام روزنامے جن میں سیاست، منصف، رہنمائے دکن، اعتماد اور راشٹریہ سہارا شامل ہیں۔ بچوں کے ہفتہ وار ایڈیشن شائع ہوتے ہیں۔

......:اضلاع کے ادبی رسائل:......

ریاست حیدرآباد یکم نومبر 1956ء سے قبل سہ لسانی علاقوں پر مشتمل تھی۔ (۱) تلنگانہ (۲) مرہٹواڑہ (۳) کرناٹک، تلنگانہ کے اضلاع میں محبوب نگر، نلگنڈہ، ورنگل، کریم نگر، میدک، نظام آباد، عادل آباد۔ مرہٹواڑہ موجودہ (مہاراشٹرا) کے اضلاع اورنگ آباد، عثمان آباد، ناندیڑ، بیڑ اور پربھنی، کرناٹک کے اضلاع گلبرگہ، بیدر اور رائچور شامل تھے۔ ورنگل اور گلبرگہ کو صوبوں کے صدر مقام کی حیثیت حاصل تھی۔ جس طرح حیدرآباد علم وفن کا گہوارہ رہا ہے اس طرح اضلاع حیدرآباد میں بیشتر شہر ادبی اور لسانی اعتبار سے اپنی تاریخ رکھتے ہیں۔ اس طرح سے یہ شہر اب تینوں ریاستوں میں منقسم ہو چکے ہیں۔ اورنگ آباد جو آج کل مہاراشٹرا ریاست کا ایک بڑا شہر ہے وہاں سے ''ندا'' ماہ نامہ جاری ہوا کرتا تھا۔ اور یہ دکن ریڈیو کی نگرانی میں شائع ہوتا تھا۔ ادبی مضامین اور دکن ریڈیو کے پروگرام کو شائع کرتا رہا۔ ''ندا'' نوجوانوں میں ادبی ذوق پیدا کرنے میں نمایاں کارنامے انجام دیا ہے آج کل ریاست مہاراشٹرا سے دو ادبی جریدے شائع ہوتے ہیں ان میں ''قومی راج'' اور ''امکان'' قابل ذکر ہیں۔ ان میں ادبی مضامین کے علاوہ ریاست مہاراشٹرا کی سرکاری تہذیبی سرگرمیوں پر مبنی خبریں اور مضامین شائع ہوتے ہیں اضلاع تلنگانہ میں ورنگل، نظام آباد، محبوب نگر اور کریم نگر کو اہمیت حاصل ہے۔ ورنگل سے 1953ء میں شفیع الیاس کی ادارت میں ایک ہفتہ وار رسالہ نئی کرن شائع ہوا تھا۔ محبوب نگر سے وینکٹ رام نے 1954ء میں ہفتہ وار مضافات جاری کیا تھا۔ جس کی نوعیت ایک رسالہ سے بڑھ کر اخبار کی تھی۔

تاریخ اردو صحافت میں نظام آباد کو بھی اہمیت حاصل ہے مرتضٰی مجتدی کا ''رومان'' 1947ء سب سے پہلے یہیں سے شائع ہوا تھا۔ آج کل نظام آباد سے ''فکر جمہور'' ہفتہ روزہ شائع ہوتا ہے۔ اس کے علاوہ عابد انصاری نے نظام آباد سے پرچا جاری کیا ہے پرچا ایک نیم سیاسی اور نیم ادبی ہفتہ وار تھا۔ اس کے علاوہ ہفتہ وار للکار جو جناب ایم اے رشید مرحوم کی ادارت میں شائع ہوتا تھا ہفتہ وار رنگ زمانہ جو جناب محمد یوسف الدین مرحوم کی ادارت میں شائع ہوتا رہا ہفتہ وار نظام آباد بلیٹین جناب ابراہیم عزیز اور ہفتہ وار ڈسٹرکٹس نیوز جناب این آر

چھگل ہفتہ وار پرچم اتحاد جناب تبسم فریدی، ہفتہ وار ہمارا ہندوستان جو جناب اختر امتیاز اور ہفتہ وار نوید سحر جو جناب کاظم علی خاں کی ادارت میں شائع ہوا کرتے تھے۔ان کے علاوہ مشہور شاعر جمیل نظام آبادی کی ادارت میں 1973ء سے ہفتہ وار گونج بھی شائع ہو رہا ہے۔

مانیر اشاعت گھر کریم نگر سے کمال کریم نگری نے ایک ماہ نامہ ''مانیر'' جاری کیا تانڈور ضلع حیدر آباد کا ایک تعلقہ ہے یہاں سے ایک ماہ نامہ ''فدائے دکن'' 1948ء میں مولوی عبدالسبحان کی ادارت میں جاری ہوا تھا۔خواجہ بندہ نواز کی مقدس سرزمین گلبرگہ تاریخی تمدنی لسانی اور مذہبی لحاظ سے غیر معمولی اہمیت رکھتی ہے یہاں فیروز شاہ بہمنی نے دکن کی ملی جلی تہذیب کی بناء ڈالی۔ ہندو مسلم کلچر نمودار ہوا۔ یہاں قلعہ کی مسجد جو مسجد قرطبہ کا نمونہ پیش کرتی ہے اور آستانہ بندہ نواز بھی موجود ہے۔لسانی لحاظ سے حضرت بندہ نواز کی وجہ سے گلبرگہ اردو زبان وادب کا اولین گھوارہ بن گیا اس خاک گل و برگ سے کئی صوفی اولیا اٹھے اور کئی ادیب شاعر اور دانشور بھی۔تدبرو فراست ایسا کہ زمانہ دراز تک یہاں کے بادشاہوں نے دکن پر حکومت کی ۔علم و ادب کے اس گہوارہ سے ''ہمدرد'' 1948ء میں عثمان صحرائی کی اور ''گلبرگ'' حسام الدین اور اکرام صہبائی 1956ء کی ادارت میں شائع ہوئے۔''ہمدرد'' معیاری ادبی ہفتہ وار تھا۔''گلبرگ'' ملک بھر میں اپنے ادبی معیار کی وجہ سے کافی شہرت رکھتا تھا۔ 1955ء میں گلبرگہ کے نجم الثاقب شحنہ نے بھی دو ماہی گجر شائع کیا تھا جو اپنے معیار اور مواد کی وجہ سے دلچسپی سے پڑھا گیا۔

آستانۂ بندہ نواز سے ممتاز مذہبی جریدہ ''شہباز'' جاری ہوا۔حضرت محمد محمد الحسینی صاحب قبلہ سجادہ نشین بارگاہ نے ہمیشہ ہی سے اپنے اجداد کی طرح زبان وادب اور مذہب وثقافت کی سرپرستی کی ہے اور کر رہے ہیں آپ ہی کی دلچسپی اور جذبہ خدمت کے نتیجہ میں حضور بندہ نواز کے ملفوظات اور تصانیف زیور طباعت سے آراستہ ہو رہے ہیں۔ ماہ نامہ ''شہباز'' کی اجرائی بھی اسی سلسلہ کی ایک کڑی تھی۔ مذہبی قدریں زندگی کی اعلیٰ قدریں ہیں۔اسلامی اصول زندگی کے اعلیٰ ترین اصول ہیں۔حق، انصاف، مساوات اور بھائی چارگی کی جو تعلیم اسلام نے دی ہے وہ مثالی اور حیات انسانی میں حرف آخر کی حیثیت رکھتی تھی۔اس لئے ان اعلیٰ ترین اور حیات آفریں

اصولوں قدروں کا پرچار از حد ضروری تھا بیدر سے بھی ایک ہفتہ وار 1910ء میں بیدر گزٹ کے نام سے جاری ہوا تھا۔

ہمارے نونہال

حیدرآباد سے اردو کے کئی معیاری ادبی رسالے شائع ہو رہے ہیں ان میں بچوں کے ادب پر مشتمل ایک ماہنامہ ادبی رسالہ ہمارے نہال بھی شامل ہے جو گذشتہ 20 برسوں سے پابندی سے نکل رہا ہے اس کا پہلا شمارہ 1989ء اکتوبر میں شائع ہوا۔ اس رسالے کو ماہر تعلیم ابوالفہیم وحید علی خاں نے جاری کیا تھا اور وہی مدیر بھی ہیں۔ اس رسالے کے ذریعہ سے بچوں میں اسلامی ذہن سازی پیدا کرنے کی کوشش کی جارہی ہے اور آج بھی ہر ماہ شائع ہوتا ہے۔

حرفِ آخر

اردو صحافت کا میدان بہت وسیع ہے یہ ایک ایسا عظیم درخت ہے جس کی شاخیں اور ٹہنیاں کافی سے زائد ہیں کئی اخبارات ورسائل جن میں روزنامے، ہفتہ وار، پندرہ روزہ، ماہانہ، دوماہی، سہ ماہی، سالنامہ وغیرہ ان میں سے کوئی تعلیمی و علمی ہوگا تو کوئی طبی ہے تو قانونی ہے کوئی بچوں کا آرگن ہے یا کوئی عورتوں کا ترجمان ہے کوئی مضامین کا مجموعہ ہے تو کوئی خبروں کا پلندہ ہے اور بعض شخصی رسالے بھی شائع ہوتے ہیں جن میں صرف کسی معروف ادیب یا شاعر پر مضامین یا کلام کو شائع کیا جاتا ہے اور بعض ایسے بھی ہوتے ہیں جن میں صرف شعراء کا کلام طبع ہوتا ہے ایسے بھی ہوتے ہیں جن میں صرف شعراء کا کلام طبع ہوتا ہے جس کو گلدستہ کہا جاتا ہے ان رسالوں میں مختلف النوع مضامین شائع ہوتے رہتے ہیں جن میں ادب، فلسفہ، تاریخ، تمدن، تہذیب، مصوری، موسیقی، شعر و شاعری، تنقید، تحقیق، معاشیات، طبعیات، سیاسیات، لسانیات، نفسیات، طنزیات، مذہب وغیرہ پر مبنی مضامین شائع ہوتے رہتے ہیں اس طرح سے حیدرآباد کی ادبی صحافت کی تاریخ پر نظر ڈالیں تو ہم کو آزادی سے قبل حیدرآباد سے مختلف قسم کے رسائل ملتے ہیں۔ اور یہ دور حیدرآباد کی اردو صحافت و ادب کیلئے سازگار ثابت ہوا۔ اس دور میں صحافت کا ایک مزاج و معیار قائم تھا۔ لیکن آزادی کے بعد ملک کی تقسیم اور ہندوستان میں اردو کی غریب الوطنی اور دوسرے سیاسی حالات کی بناء پر جو افراتفری پیدا ہوئی اس کی وجہ سے ہماری صحافت میں بھی چاہے وہ سیاسی ہو یا ادبی ہو ان کے معیار و مزاج میں ایک انتشار کی کیفیت نمودار ہوگئی۔ یہی وجہ ہے کہ اگر ہم آزادی سے پہلے اور آزادی کے بعد کی حیدرآبادی صحافت کا تقابلی مطالعہ کریں تو نمایاں فرق نظر آئے گا اور صحافت و ادب کے جو پرانے اقدار و معیارات تھے ان میں بھی زبردست انتشار اور اضمحلال پیدا ہوگیا تھا۔ اس کے علاوہ دستور ہند کی تشکیل کے بعد اردو زبان کی قدیم نوعیت بھی باقی نہیں رہی اور اردو زبان و ادب میں ایک خاص قسم کے زوال کی کیفیت پیدا ہوئی خاص طور پر وہ علاقے جو اردو کے بہت بڑے مرکز کہلاتے تھے وہاں ہندی کے چلن کی وجہ سے پانچ برسوں کے عرصہ میں پوری ایک نئی نسل عالم وجود میں آگئی جن کی جڑیں تو بہرحال

اردو تہذیب اور تمدن میں پیوست تھی لیکن اس نسل کے نوجواں خود اپنی اس تہذیبی ورثہ سے نابلد ہو رہے تھے اس کی وجہ سے قدرتی طور پر اردو نہ صرف ادب بلکہ زبان کے مختلف شعبوں میں آہستہ آہستہ انحطاط پیدا ہوتا گیا۔ 1956ء میں لسانی بنیادوں پر ریاستوں کی تنظیم جدید کی وجہ سے اردو زبان تین ریاستوں میں مہاراشٹرا، آندھرا پردیش اور کرناٹک میں چھوٹی سی اقلیتی زبان بن کر رہ گئی جس سے اردو کی سالمیت ختم ہوگئی۔

آزادی کے بعد حیدرآباد کی صحافتی زندگی افراتفری کا شکار ہوگئی اور کئی روزمامے اور ماہ نامے مالی بحران کی وجہ سے اپنے وجود کو برقرار نہ رکھ سکے اور بعض مدیروں کا ترک وطن کرنا بھی ادبی رسائل کے لئے موقوفی کا باعث بنا۔ اس طرح آزادی کے بعد بہت کم اردو کے ادبی رسائل شائع ہوتے رہے۔ روزنامہ ''سیاست'' ''رہنمائے دکن'' اور ''منصف'' جن کے ہفتہ واری ایڈیشن خاص اہمیت کے حامل ہیں اور یہ ادب کے ارتقاء و فروغ میں ممدومعاون ثابت ہو رہے ہیں۔ ان کے علاوہ جو ماہ نامے خالص ادب کے ترجمان ہیں ان میں ''سب رس'' ''شگوفہ'' ''پونم'' ''اقبال ریویو'' قابل ذکر ہیں یہ اردو زباں و ادب کی بہتر خدمت انجام دے رہے ہیں۔ لیکن ان مین بھی تنوع جدت کا فقدان ہے یکسانیت اور ایک ہی طرح کا انداز پیش کش ہوتا ہے۔ عصر حاضر میں اسلامی و دین ادب کے ترجمان ''فنکار'' اور ''شاداب'' جاری ہوئے جو اپنے کیفیت وکمیت کے لحاظ سے اطمینان بخش ہوتے جارہے ہیں۔

ڈاکٹر محمد ناظم علی ایم اے ایم فل پی ایچ ڈی
پرنسپل گورنمنٹ ڈگری کالج
مورتاڑ ضلع نظام آباد

کتابیات

(۱)اردو کے ادبی رسالوں کے مسائل	مرتبہ 1981ء	عابد سہیل
(۲) حیدر آباد میں اردو صحافت	جون 1980ء	طیب انصاری
(۳) تاریخ صحافت اردو	جلد چہارم	امداد صابری
(۴) ادب اور صحافت	نومبر 1974ء	عابد صدیقی
(۵) حیدر آباد کے ادیب	مرتبہ	زینت ساجدہ
(۶) جنوبی ہند کی اردو صحافت	1981ء	محمد افضل الدین اقبال
(۷) حیدر آباد کے علمی وادبی رسائل کا تنقیدی جائزہ (ابتداء سے 1947ء تک)	مقالہ	محمد انورالدین
(۸) حیدر آباد کے اردو اداروں کی ادبی خدمات	مقالہ	شیفتہ قادری
(۹) مجلّہ عثمانیہ	مقالہ نمبر 67-1966ء	
(۱۰) پونم	فروری 1968ء	
(۱۱) پونم	نومبر 1970ء	

حیدرآباد کے ادبی رسائل کے پہلے شمارے کی دریافت

مخزن الفواید	1291ھ سید حسین بلگرامی
ترجمان	1344ھ ابوالمکارم محمد انوار اللہ
تہذیب	1366ھ محمد محبوب جنیدی
مسلم	1366ھ محمد صدیق جمال صدیقی
تاج	غلام محمد انصاری وفا
رسالۂ رفیق دکن	22/اگست 1884ء مولوف مولوی محمد عزیز الدین مدرس اول فارسی مدرسہ انگریزی سرکاری عالی و منتظم انجمن مستفیدان علوم وفنون
حسن	اگست 1888ء
مجلّہ عثمانیہ	فروردی ۱۳۳۶ف سید غلام محی الدین قادری زورؔ
نسیم دکن	جنوری 1902ء خاکسار محمد نادر علی برتر مہتمم
افسانہ	جولائی 1902ء ظفر علی خاں
نظام کالج اردو میگزین	ڈسمبر 1925ء ظہیر احمد
پیام ادب	ستمبر 1943ء سید عبدالوہاب
سویرا	فروری 1947ء غوث محی الدین
داستان	فروری 1947ء احمد مکی
رہبر تعلیم	اپریل 1947ء برج لال
مینا	ماہ اپریل 1947ء تمکین کاظمی

نوائے ادب	ماہ اکتوبر 1947ء شیخ محبوب قریشی
سب رس	جنوری 1938ء ڈاکٹر سید محی الدین قادری زورؔ
گجر	فروری مارچ 1955ء
شگوفہ	نومبر ڈسمبر 1968ء سید مصطفےٰ کمال
عثمان دکن	فروری 1968ء میر حسین علی خان نور
گونج	فروری 1973ء جمیل نظام آبادی
مبصر	مارچ 1977ء ایچ ای ایچ دی نظامس اردو ٹرسٹ لائبریری
اقبال ریویو	اکتوبر 1977ء اقبال اکیڈیمی۔ حیدرآباد
فنکار	جنوری 1981ء ڈاکٹر احمد سجاد، مسعود جاوید ہاشمی
قومی زبان	جون 1981ء چندر سریواستو (اردو اکیڈیمی آندھرا پردیش)
شاداب	ڈسمبر 1983ء محمد قمر الدین صابری
شعر و حکمت	جنوری تا مارچ 1970ء اختر جہاں
بساط ذکر و فکر	نومبر 1987ء یعقوب سروش
ہمارے نونہال	اکتوبر 1989ء ابوالفہم وحید علی خاں
سیاست انٹرنیشنل	جنوری 1996ء زاہد علی خان
خوشبو کا سفر	ڈسمبر 1996ء صلاح الدین نیر
عدسہ	جنوری 2006ء میر فاروق علی

ماقبل آزادی و مابعد آزادی حیدر آباد سے شائع ہونے والے ادبی رسائل و جرائد کی تفصیلی فہرست

سلسلہ نشان	رسالے کا نام	مدیر
(۱)	آفتاب دکن	قاضی محمد قطب
(۲)	مراۃ القوانین	مہدی علی
(۳)	مخزن الفوائد	عماد الملک
(۴)	ادیب	میر کاظم علی خاں
(۵)	رفیق دکن	مولوی محمد عزیز الدین
(۶)	حسن	حسن بن عبداللہ خطاب، عماد نواز جنگ
(۷)	سحر البیان	مجیب احمد تمنائی
(۸)	دل گذار	عبدالحلیم شرر
(۹)	دبدبہ آصفی	مہاراجہ سرکشن پرشاد
(۱۰)	افسر	افسر الملک محبّ حسین
(۱۱)	پیام محبوب	مولوی غلام حسین آزاد
(۱۲)	معلم نسواں	محبّ حسین
(۱۳)	شمس الکلام	مولوی سلیمان مہدی خاں
(۱۴)	عزیز الاخبار	عزیز جنگ ولا
(۱۵)	محبوب الکلام	فصاحت جنگ جلیل
(۱۶)	جلوہ محبوب	مولوی غلام صمدانی گوہر

(۱۷)	نسیم دکن	محمد نادر علی برتر مہتمم
(۱۸)	افسانہ	ظفر علی خاں
(۱۹)	صحیفہ	سید رضی الدین حسن کیفی
(۲۰)	اتالیق	عبدالرب کوکب
(۲۱)	تاج	غلام محمد انصاری وفا
		وفا۔ مدیر شاعر، پنڈت رگھوناتھ راؤ درد
(۲۲)	افادہ	مرزا نظام شاہ لبیب
(۲۳)	ذخیرہ	ہوش بلگرامی
(۲۴)	ثمرۃ الادب	عبدالواسع صفا
(۲۵)	النساء	صغرا ہمایوں مرزا
(۲۶)	ارتقاء	مولوی افضل شریف
(۲۷)	ترقی	ابوالکلام محمد انوراللہ
(۲۸)	لسان الملک	ضامن کشوری
(۲۹)	تحفہ	دوارکا پرشاد نگم
(۳۰)	ارشاد	پیرزادہ شاہ یوسف الدین قادری
(۳۱)	رسالہ اردو	مولوی عبدالحق
(۳۲)	تجلی	محمد سردار علی
(۳۳)	حسن کار	اکبر وفاقانی
(۳۴)	مکتبہ	مکتبہ ابراہیمیہ
(۳۵)	شہاب	عبدالرزاق بسمل

(۳۶)	سب رس	پروفیسر محی الدین قادری زورؔ
(۳۷)	پرچم	فصیح الدین احمد
(۳۸)	داستاں گو	علی احمد
(۳۹)	فصاحت	صدیق احمد
(۴۰)	مملکت	میر حسن الدین
(۴۱)	ہندوستانی ادب	مولوی غلام محمد خان، عظمت اللہ بیگ
(۴۲)	جہت	فرحت اللہ بیگ
(۴۳)	تماشہ	فرحت اللہ بیگ
(۴۴)	ہماری کتابیں	انجمن ترقی اردو، سید علی شبیر حاتمی
(۴۵)	پیام ادب	سید عبدالوہاب
(۴۶)	سویرا	غوث محی الدین
(۴۷)	رباب	محمد عثمان۔ حسینی شاہد
(۴۸)	رومان	مرتضیٰ مجتہدی
(۴۹)	مینا	تمکین کاظمی
(۵۰)	الہدیٰ	عبدالحمید خاں
(۵۱)	نیا زمانہ	عبدالقادر، شریک مدیر مسلم ضیائی
(۵۲)	داستاں	احمد مکی
(۵۳)	البلاغ	
(۵۴)	فردوس	م۔ح۔علی
(۵۵)	ایوان	سید مختار کرمانی

(۵۶)	مینا	تمکین کاظمی
(۵۷)	لمس کی خوشبو	اطیب اعجاز
(۵۸)	سیوا	غیاث صدیقی
(۵۹)	صبا	سلیمان اریب
(۶۰)	عکس	محمودہ یاسمین
(۶۱)	مکاتب ڈائجسٹ	وسیم اختر
(۶۲)	آندھرا پردیش	کنول پرشاد کنول
(۶۳)	پیکر	اعظم راہی
(۶۴)	رفتار زمانہ	قمر خلیل نائطی
(۶۵)	خاتون دکن	صالحہ الطاف
(۶۶)	قلم کار	احمدی بیگم
(۶۷)	پونم	ناصر کرنولی
(۶۸)	شگوفہ	مصطفیٰ کمال
(۶۹)	گل نو	انور نظامی
(۷۰)	رتن	نجیب واصف
(۷۱)	فنکار	ڈاکٹر احمد سجاد۔ مسعود جاوید ہاشمی
(۷۲)	شاداب	محمد قمر الدین صابری
(۷۳)	گونج	جمیلؔ نظام آبادی
(۷۴)	بساط ذکر و فکر	یعقوب سروش
(۷۵)	عدسہ	میر فاروق علی

(۷۶)	ہمارے نونہال	ابوالفہم وحید علی خاں
(۷۷)	قومی زبان	چندر سریواستو
(۷۸)	ذوق نظر	بشیر وارثی، یعقوب عمر
(۷۹)	رنگ و بو	صاحبزادہ مجتبیٰ فہیم
(۸۰)	مجلّہ عثمانیہ	عثمانیہ یونیورسٹی حیدرآباد
(۸۱)	الموسیٰ	مرزا اسد افروز علی
(۸۲)	طلسیانین	طلباء جامعہ عثمانیہ
(۸۳)	شعور	مغنی تبسم
(۸۴)	گجر	نجم الثاقب شحنہ
(۸۵)	مجلس	
(۸۶)	شعر و حکمت	مغنی تبسم، شہریار
(۸۷)	مبصر	نظامس ٹرسٹ
(۸۸)	اقبال ریویو	اقبال اکیڈیمی حیدرآباد
(۸۹)	نیا آدم	امجد باغی
(۹۰)	فکر نو	عماد صدیقی
(۹۱)	سنگم	سری نواس لاہوٹی
(۹۲)	عوام	اختر حسن
(۹۳)	عظیم تر حیدرآباد	عزیز احمد
(۹۴)	آزادی	مختار کرمانی
(۹۵)	مبصر	صفدر اقبال

(۹۶)	میزان	شعیب اللہ خاں
(۹۷)	امروز	شعیب اللہ خاں
(۹۸)	امن	سوامی واسدیوشاستری
(۹۹)	انقلاب	مرتضیٰ مشہدی
(۱۰۰)	خوشبوکا سفر	صلاح الدین نیر
(۱۰۱)	آہنگ	خورشیداحمد جامی
(۱۰۲)	برگ آوارہ	خورشیداحمد جامی
(۱۰۳)	رابطہ	اوج یعقوبی
(۱۰۴)	نیادور	مخدوم محی الدین
(۱۰۵)	شیر دکن	
(۱۰۶)	رہنمائے دکن	سید لطیف الدین قادری
(۱۰۷)	معمار	غوث خاموشی بزم احباب
(۱۰۸)	زعیم	سید شمس الدین حسن
(۱۰۹)	محیط	حیدرآباد سنٹرل یونیورسٹی
(۱۱۰)	تیشہ	غلام محمد عمر خاں
(۱۱۱)	سیاست	عابد علی خاں
(۱۱۲)	منصف	محمود انصاری
(۱۱۳)	پرواز شاہین	خورشیداحمد جامی
(۱۱۴)	ملاپ	یدھ ویر جی
(۱۱۵)	نیا سنسار	ڈاکٹر اکرام جاوید

(۱۱۶)	ہمارا عوام	خواجہ عارف الدین
(۱۱۷)	اعتماد	برہان الدین اویسی
(۱۱۸)	راشٹریہ سہارا	عزیز برنی
(۱۱۹)	پروانۂ دکن	شفیع اقبال

جلد اول | نمبر اول

رسالہ مخزن الفوائد

سید حسین بلگرامی

دار الطبع [illegible]

[illegible]

ترجمان

جلد [illegible] بابت ماہ [illegible] نمبر [illegible]

فہرست مضامین

سلسلہ نشان	مضمون	مضمون نگار	صفحہ
۱	[illegible]		الف تا ب
۲	شذرات		۱ تا ۴
۳	[illegible]		[illegible]
۴	[illegible]	[illegible]	[illegible]
۵	[illegible]	[illegible]	[illegible]
۶	[illegible]	[illegible]	[illegible]
۷	سپاس (نظم)	[illegible]	[illegible]
۸	[illegible]	[illegible]	[illegible]

[illegible]

تہذیب

[illegible]

مدیر - محمد محبوب [illegible] — حیدرآباد دکن

صفحہ	مضامین	[illegible]

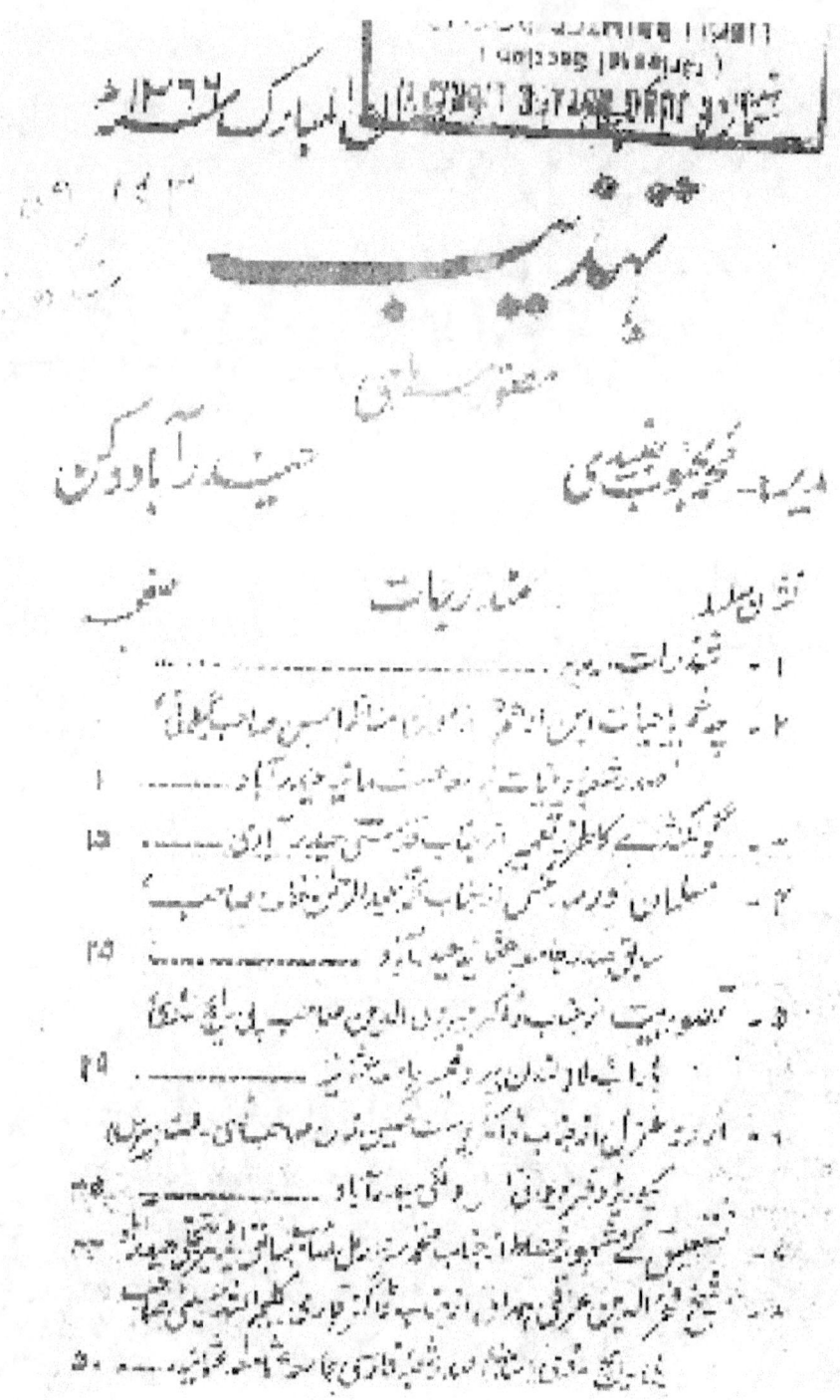

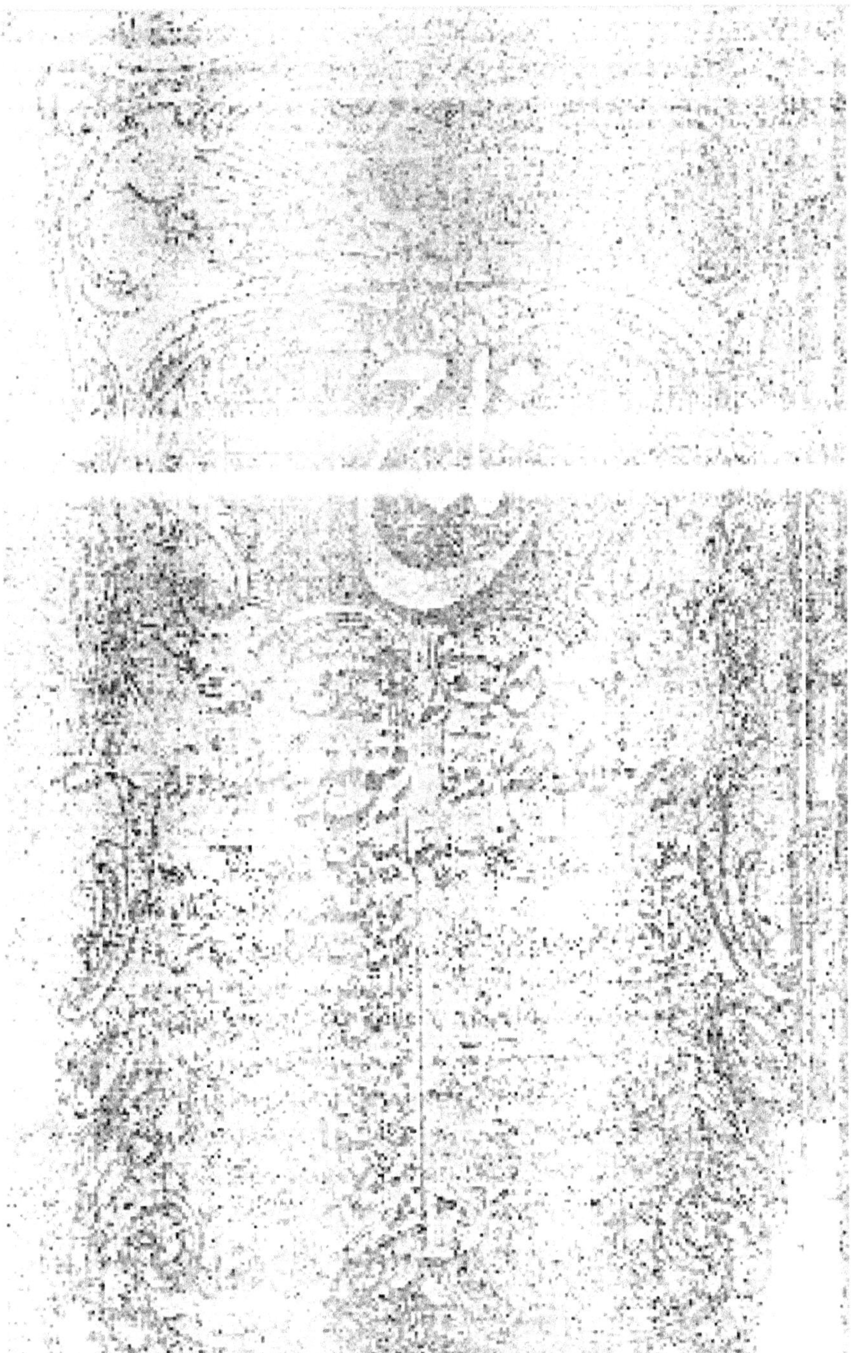

طلب العلم فریضة علی کل مسلم و مسلمة

رسالہ الفرقان

[illegible]

[illegible]

حصہ اول

نمبر شمار	مضمون	مضمون نگار	تعداد صفحہ
[illegible]	[illegible]	[illegible]	[illegible]
[illegible]	[illegible]	[illegible]	[illegible]
[illegible]	[illegible]	[illegible]	[illegible]
[illegible]	[illegible]	[illegible]	[illegible]
[illegible]	[illegible]	[illegible]	[illegible]
	حصہ دوم		
[illegible]	[illegible]	[illegible]	[illegible]
[illegible]	[illegible]	[illegible]	[illegible]
[illegible]	[illegible]	[illegible]	[illegible]
[illegible]	[illegible]	[illegible]	[illegible]
[illegible]	[illegible]	[illegible]	[illegible]
[illegible]	[illegible]	[illegible]	[illegible]

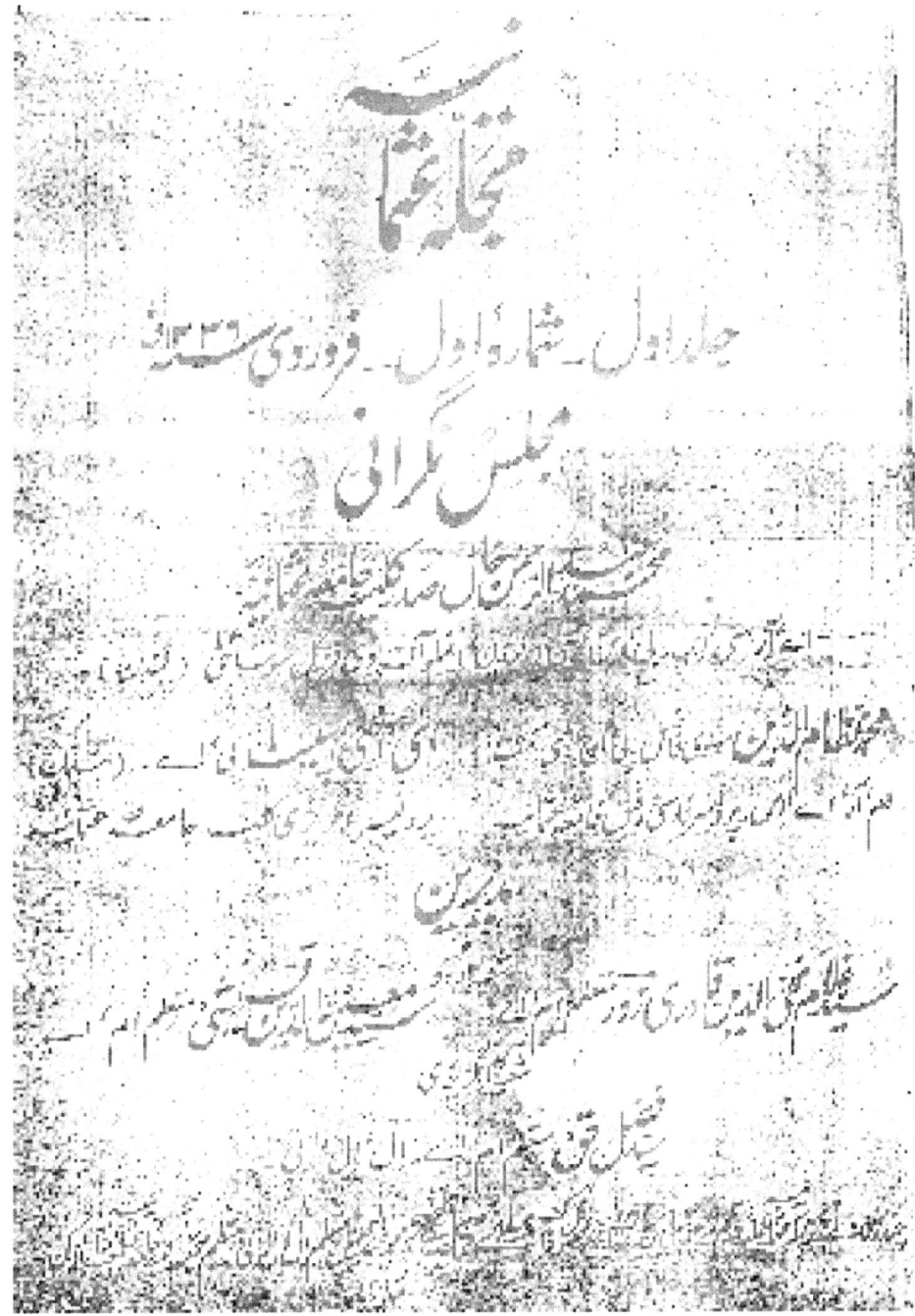

مجلہ عثمانیہ

جلد اول۔ شمارہ اول۔ فروردی سنہ ۱۳۳٦ف

مجلس نگرانی

محمد عبدالرحمن خاں صدر کلیہ جامعہ عثمانیہ

[illegible]

محمد نظام الدین [illegible] ایم اے [illegible]

[illegible] جامعہ عثمانیہ

مدیران

سید محی الدین قادری زور متعلم [illegible] ایم اے

[illegible]

[illegible] ایم اے [illegible]

[illegible]

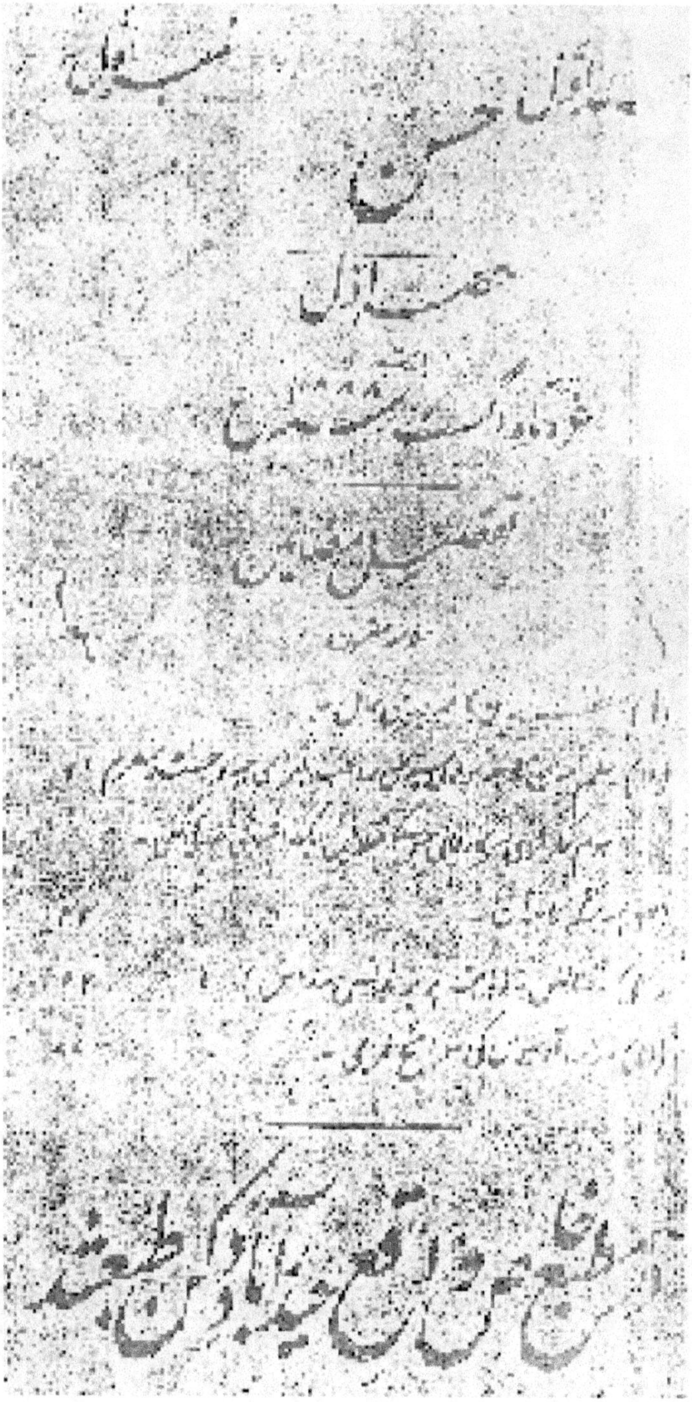
حصہ اول

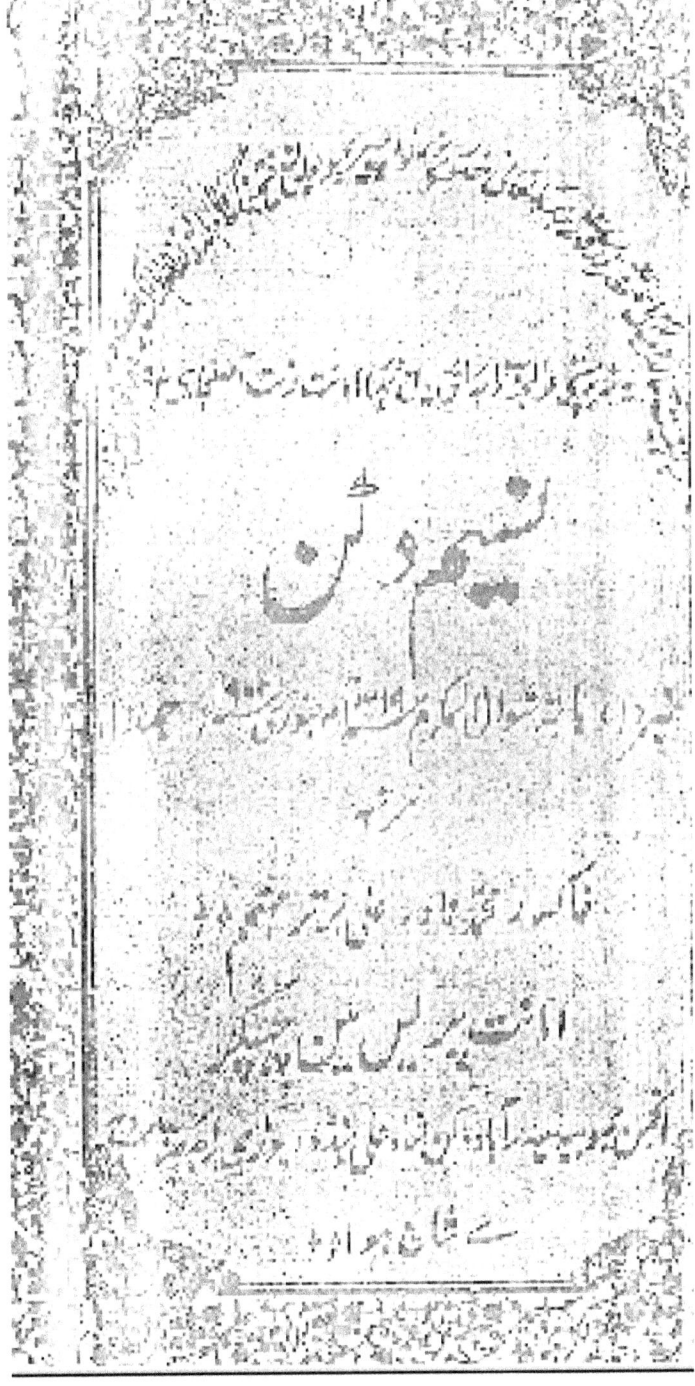

[illegible]

[illegible]

نسیم وطن

جلد (۱) بابت شوال المکرم ۱۳۱۹ھ [illegible] ۱۹۰۲ء [illegible]

مرتبہ

[illegible]

[illegible] پریس [illegible]

[illegible]

سے شائع ہوا

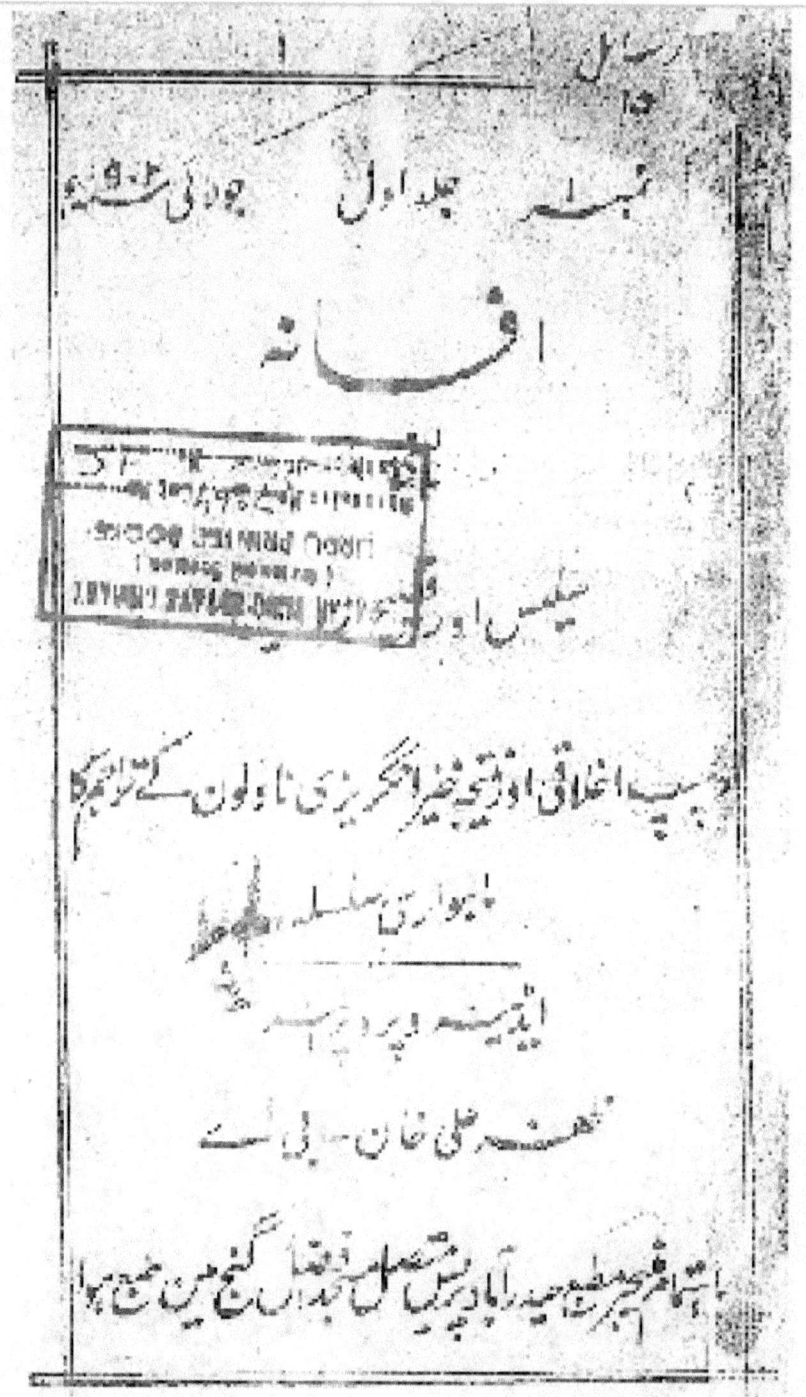

رسالہ

نمبر ۱ جلد اول جولائی ۱۹۰۲ء

افسانہ

ٹیلیمکس اور ...

دلچسپ اخلاقی اور نتیجہ خیز انگریزی ناولوں کے تراجم کا

ماہواری سلسلہ

ایڈیٹر و پروپرائٹر

ظفر علی خان - بی اے

باہتمام محمد مصطفیٰ حیدرآباد پرنٹنگ مطبع ... افضل گنج میں چھپا

۱	۲	۳	۴
[illegible]	[illegible]	[illegible]	[illegible]
۱	[illegible]	نواب [illegible] جنگ بہادر [illegible]	۱
۲	[illegible]	اڈیٹر	۲
۳	[illegible]	ترجمہ جناب خواجہ [illegible] صاحب [illegible]	[illegible]
۴	کشکول	انتخاب از اڈیٹر	۱۵
۵	[illegible]	جناب محمد [illegible] خان صاحب بی۔ اے [illegible]	۱۸
۶	[illegible]	جناب محمد [illegible] صاحب [illegible]	۱۹
۷	[illegible]	حضرت [illegible]	۲۹
۸	[illegible]	جناب خواجہ [illegible] صاحب [illegible]	۳۱
۹	[illegible]	جناب [illegible] صاحب [illegible] آبادی	۳۳
۱۰	[illegible]	[illegible] صاحب [illegible] نظام کالج	۳۴
۱۱	[illegible]	جناب محمد [illegible] صاحب [illegible] بی۔ اے	۴۵
۱۲	[illegible]	جناب [illegible] صاحب [illegible] بی۔ اے [illegible]	۴۶
۱۳	[illegible]	جناب [illegible] صاحب [illegible]	[illegible]
۱۴	[illegible]	جناب [illegible] صاحب [illegible] نظام کالج	[illegible]

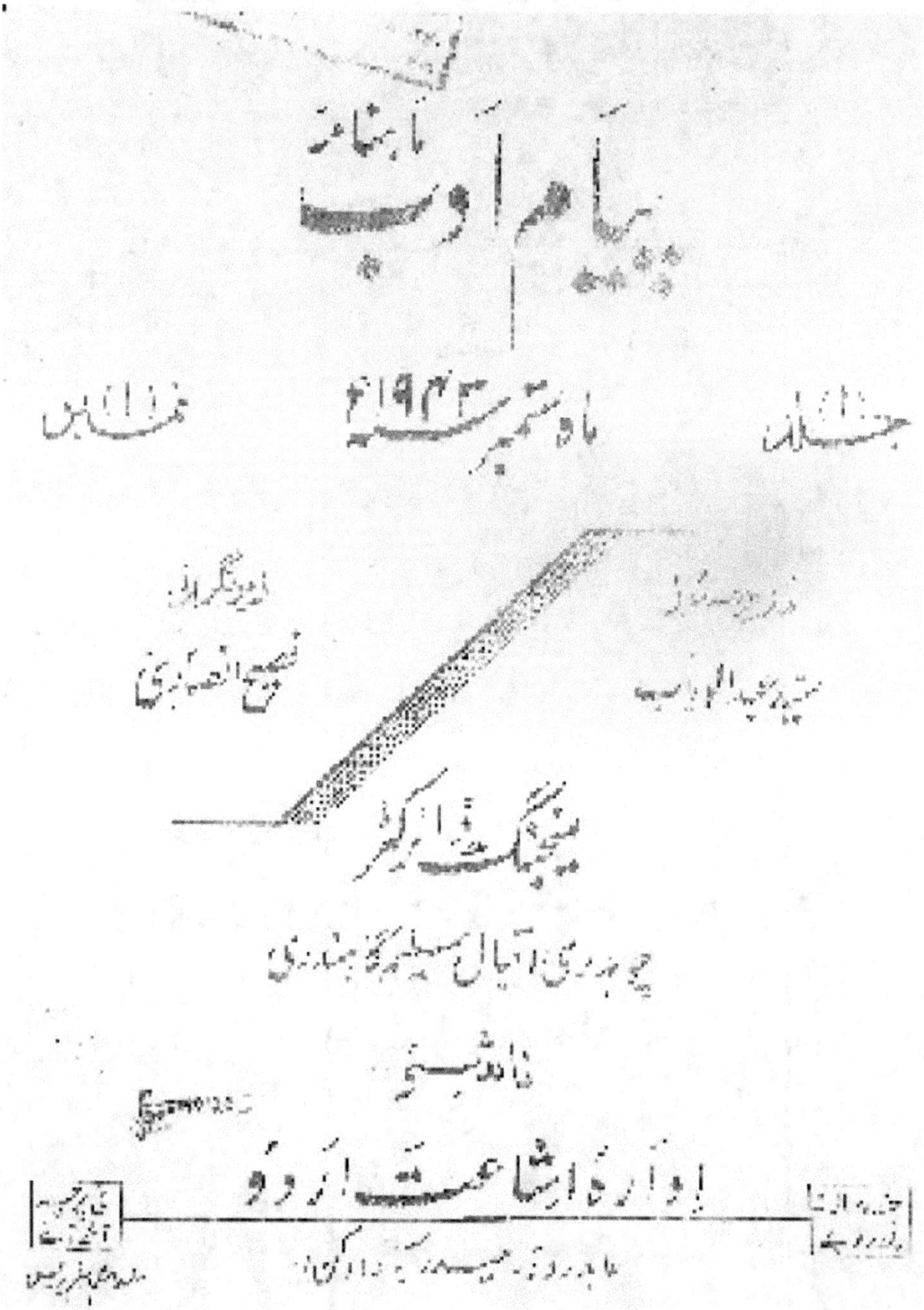
ماہنامہ

پیامِ ادب

جلد ماہ ستمبر ۱۹۴۳ء نمبر

زیر سرپرستی
سید عبدالوہاب

ایڈیٹر
فصیح انصاری

مینیجنگ ایڈیٹر
چودھری اقبال مسیح

ناشر
ادارۂ اشاعت اردو

[illegible]

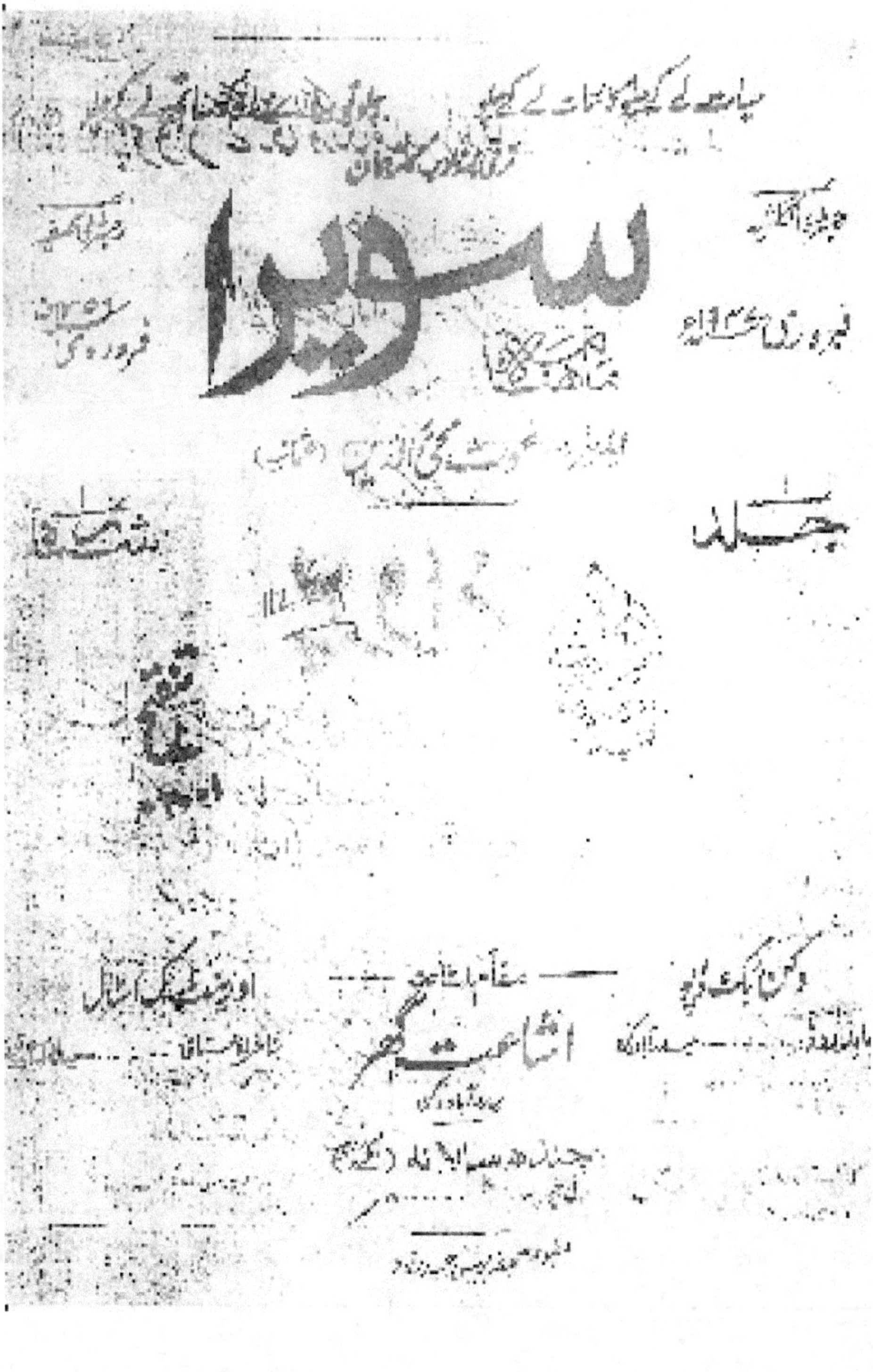
سویرا
دکن بک ڈپو
اشاعت گھر
اورینٹل بک اسٹال

ماہنامہ

داستان

حیدرآباد دکن

اردو تحریر

زینت ساجدہ

ترتیب

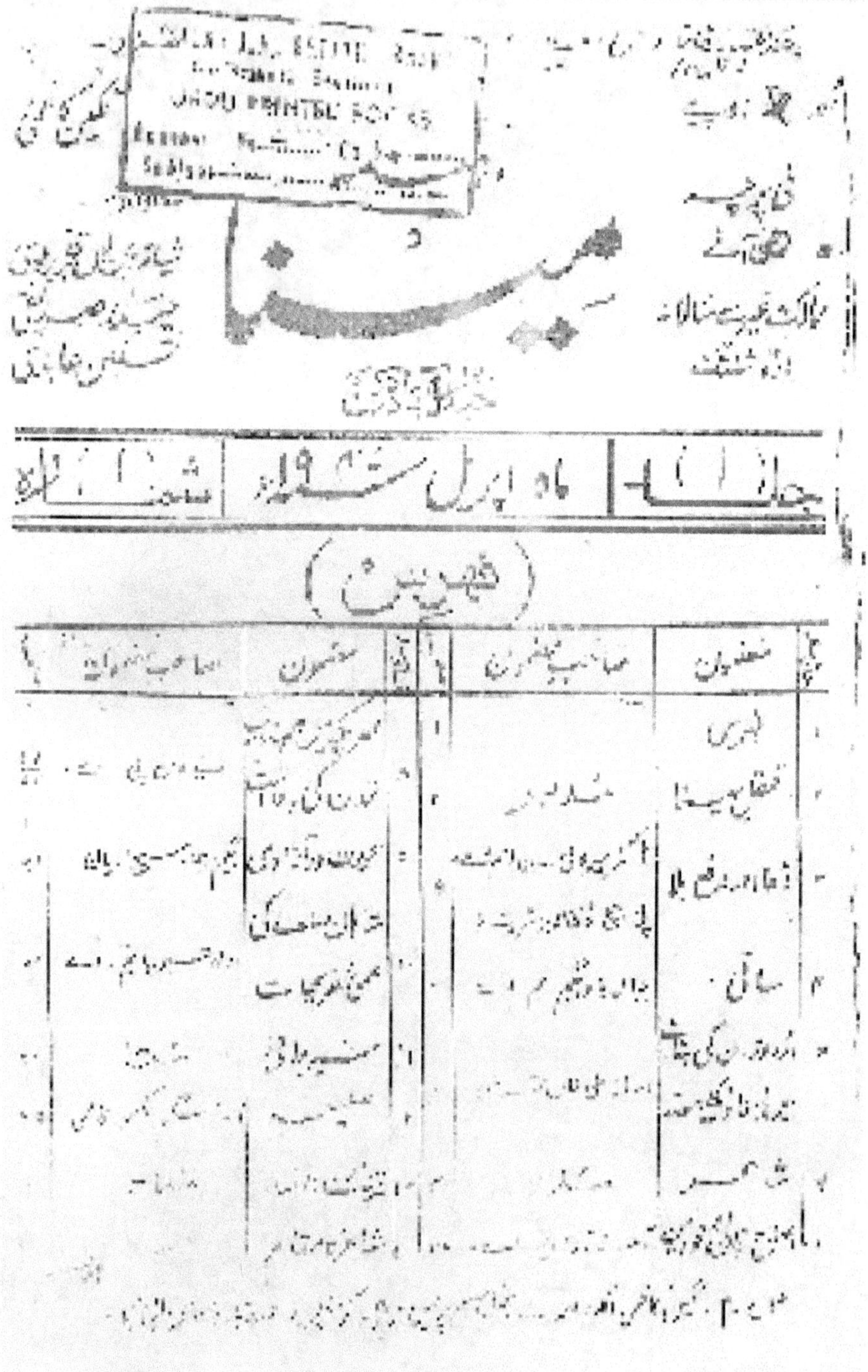

فہرست

صاحب مضمون	مضمون	صاحب مضمون	مضمون

قلمی معاون

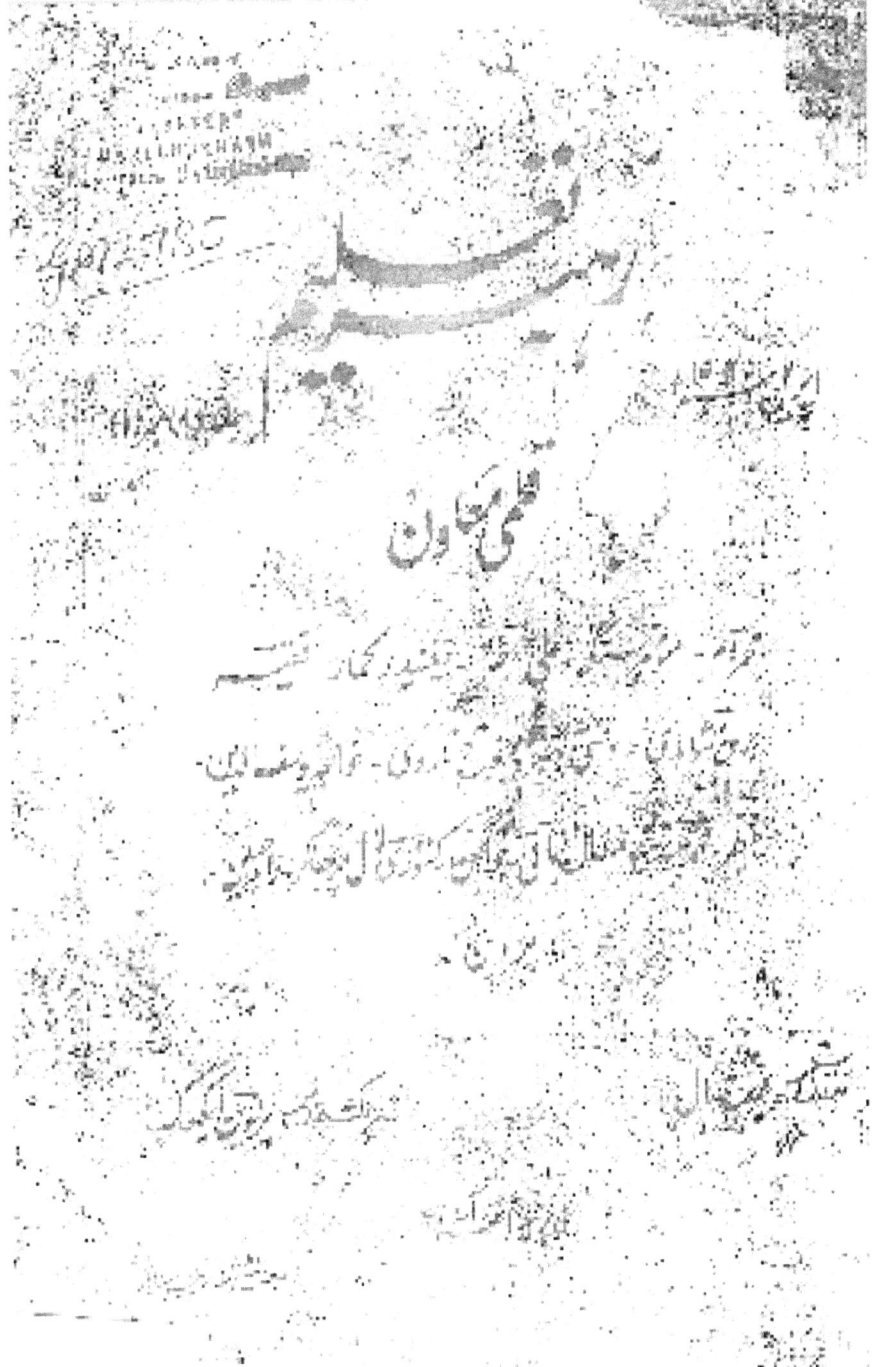

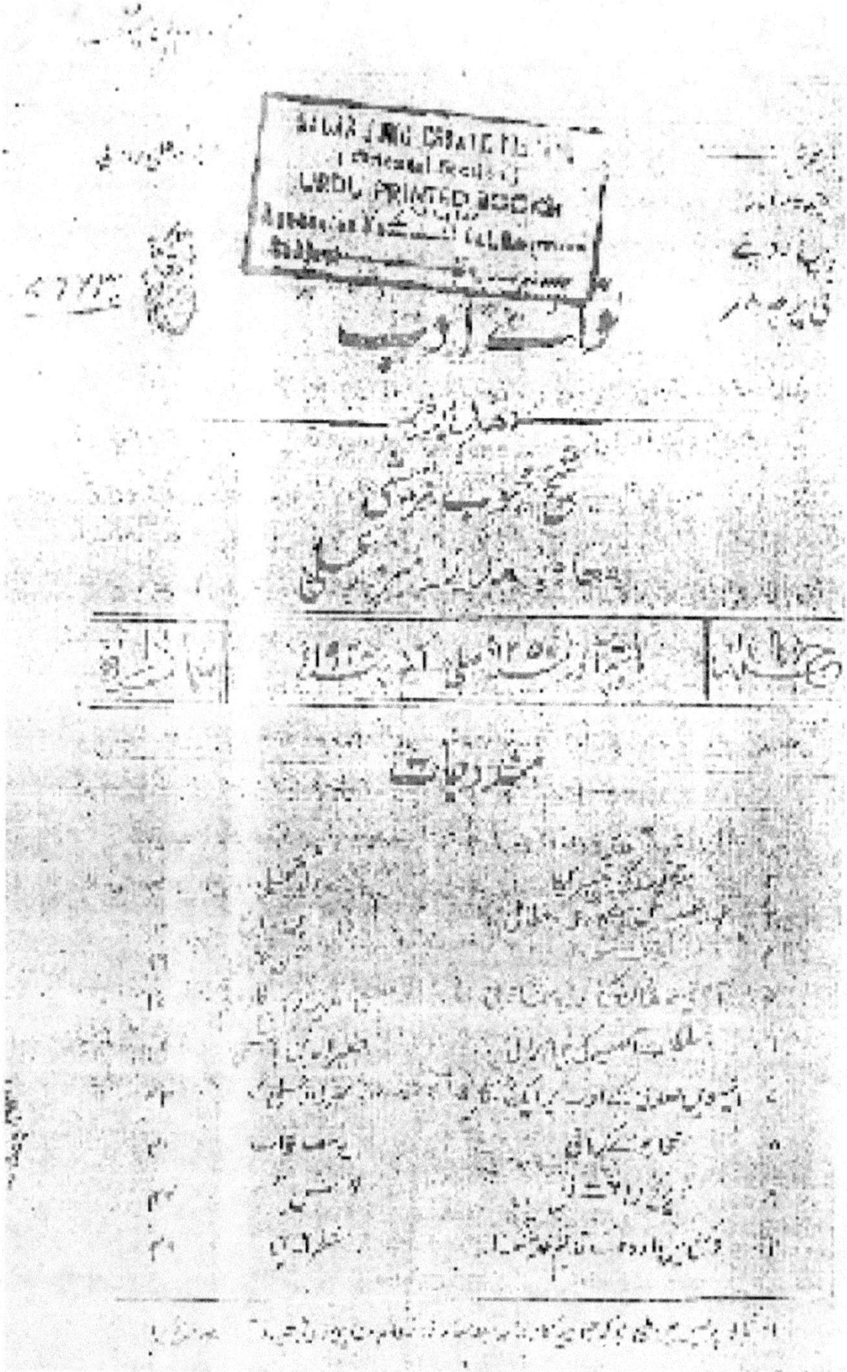
SALAR JUNG ESTATE LIB
(Oriental Section)
URDU PRINTED BOOKS

[illegible]

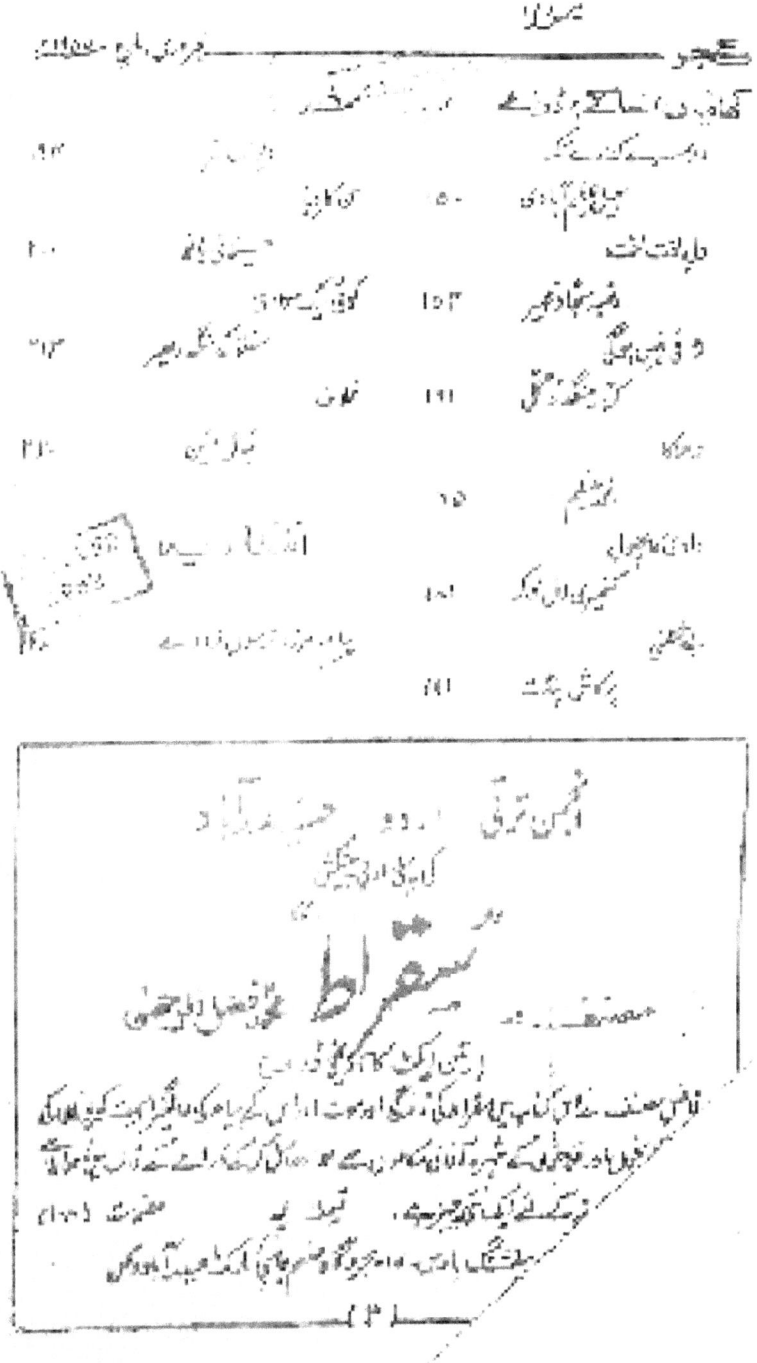

زندہ دلانِ حیدرآباد کا طنزیہ و مزاحیہ

[illegible]

شگوفہ

ایڈیٹر : ڈاکٹر سید مصطفیٰ کمال

[illegible]

شعر و حکمت ۱

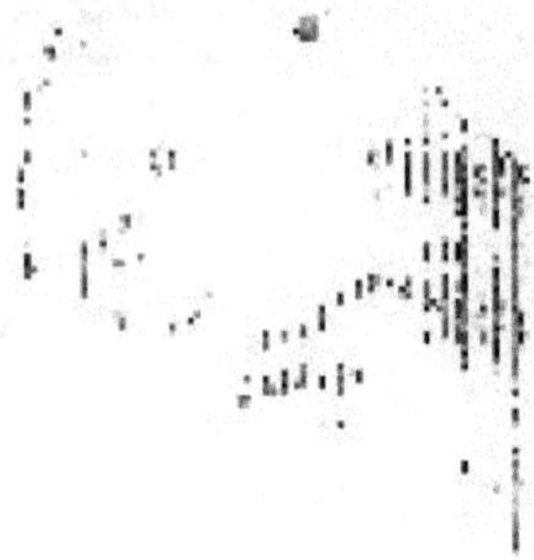

ایڈیٹر اختر جہاں

[illegible] [illegible]

[illegible] [illegible]

طابع دانش گاہ پریس

[illegible] حیدرآباد

[illegible] ... [illegible]

حیدرآباد | شمارہ ۱ | [illegible] ... [illegible] | [illegible]

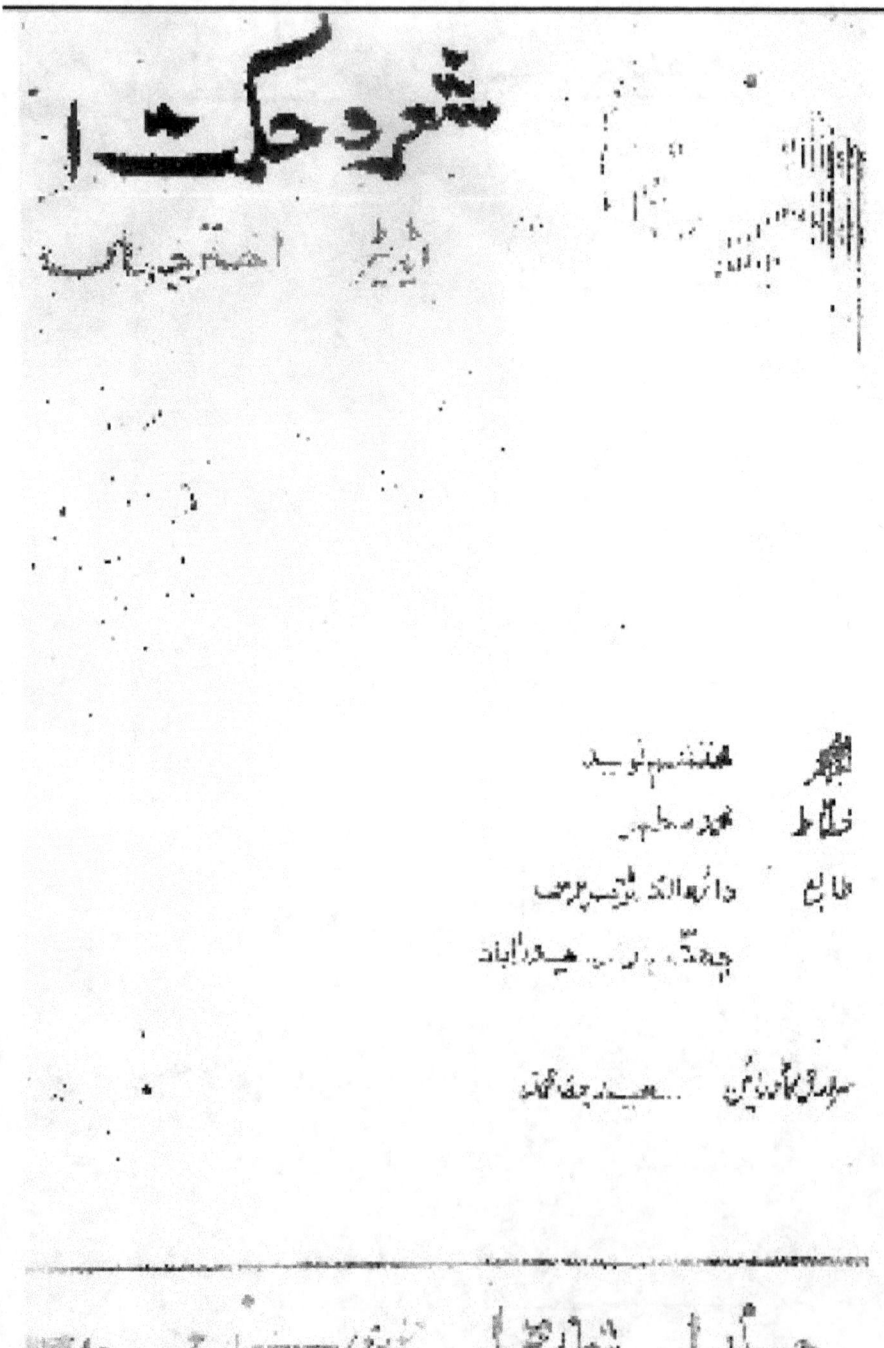

ایچ۔ ای۔ ایچ۔ دی نظامس اُردو ٹرسٹ لائبریری

مبصّر

(۱)

حمایت نگر روڈ حیدرآباد ۲۹

قیمت :- تین روپے

اقبال ریویو

اقبال اکیڈمی حیدرآباد کا سہ ماہی رسالہ

اکتوبر ۱۹۷۷ء

جلد — ۱
شمارہ — ۱

ماہنامہ **قومی زبان** حیدرآباد

جلد ۱ — جون ۱۹۸۱ء — شمارہ ۱

فہرست

ایڈیٹر

[illegible]

[illegible]

[illegible]

قیمت : ۲ روپے

سالانہ : ۲۰ روپے

[illegible]

[illegible] اردو اکیڈمی [illegible] 11-4-687 [illegible]

فون : 33901

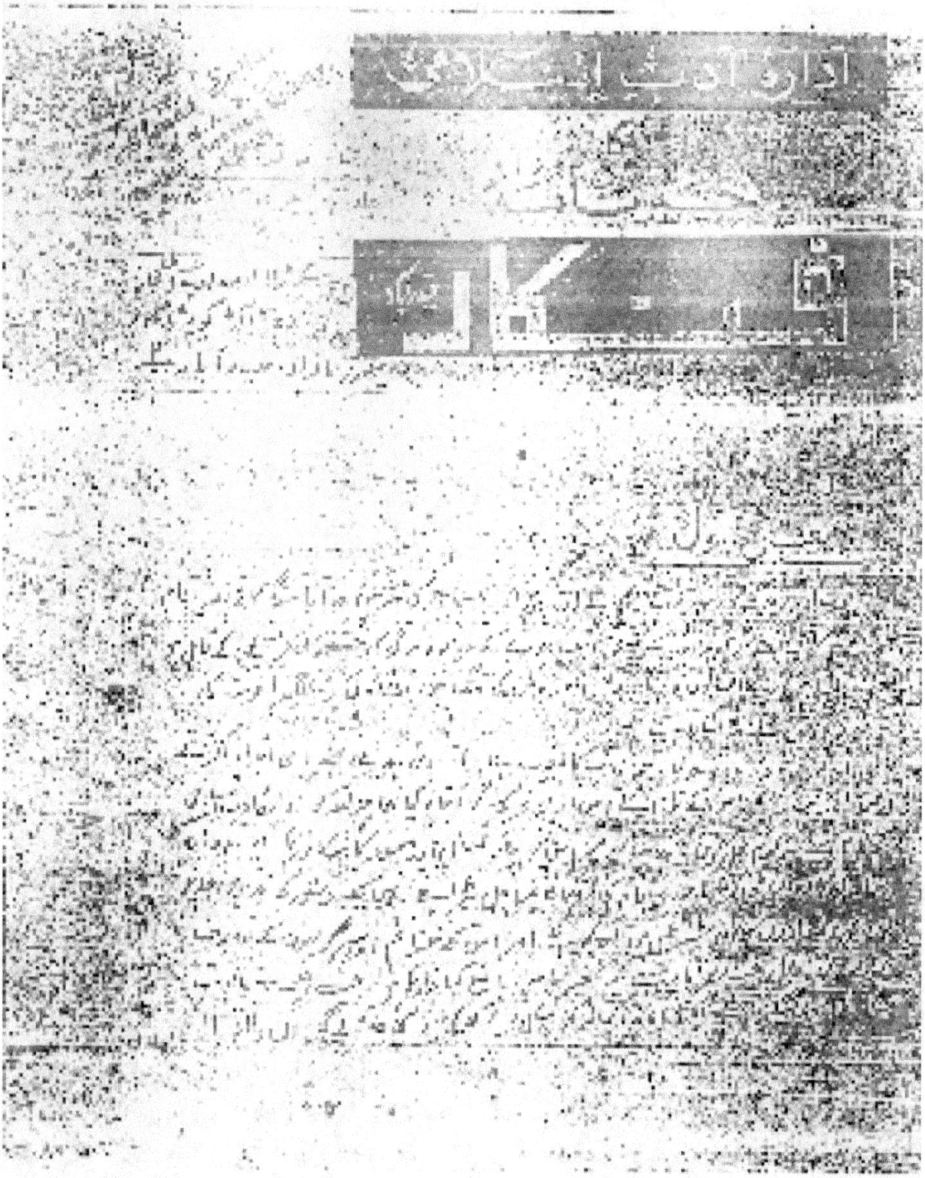

علمی، ادبی، [illegible] و سماجی افکار کا ترجمان

ماہنامہ شاداب حیدرآباد

جلد (۱) اکتوبر ۱۹۵۹ء شمارہ (۱)

مجلس ادارت

ڈاکٹر [illegible] الظفر

یوسف ناظم

ڈاکٹر [illegible] الرحمٰن [illegible]

[illegible]

[illegible]

[illegible]

[illegible]

زر تعاون
[illegible] فی پرچہ [illegible] سالانہ [illegible] روپے

[illegible]

بساط

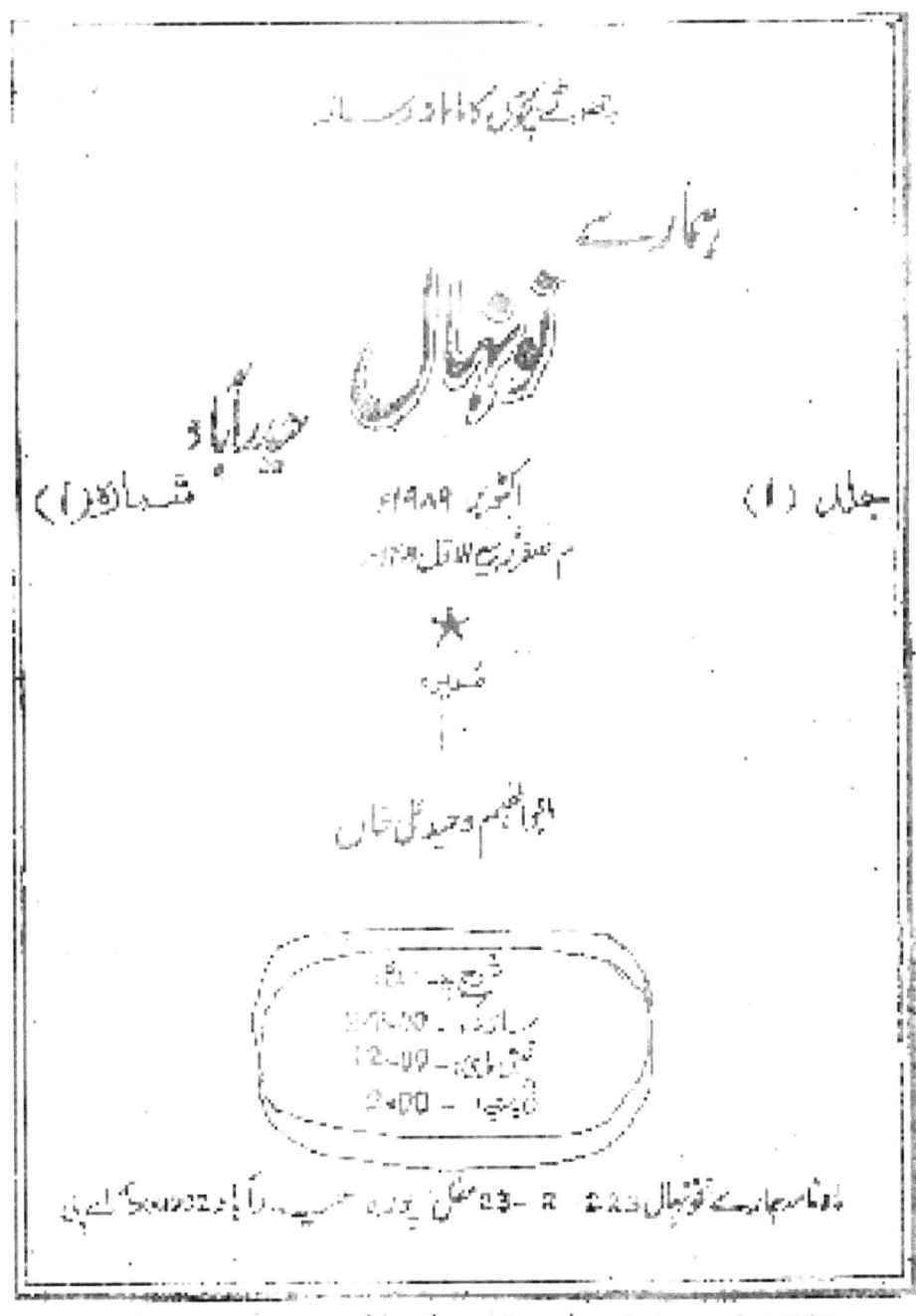

جنوبی ہند کے بچوں کا ماہوار رسالہ

ہمارے نونہال حیدرآباد

جلد (۱) شمارہ (۱)

اکتوبر ۱۹۸۹ء

صفر/ربیع الاول ۱۴۱۰ھ

★

مدیر

ابوالجہم وحید علی خاں

شرح چندہ
سالانہ - 24.00
ششماہی - 12.00
فی پرچہ - 2.00

ماہنامہ ہمارے نونہال 222-8-23 مغل پورہ حیدرآباد 500002 اے پی

Siasat Fortnightly
International
Rs.10/-
Siasat Fortnightly
International
Advertisement Tariff
Non Resident Indians & Special Privileges

[illegible]

[illegible]

ماہنامہ

خوشبو کا سفر

حیدرآباد

جلد (۱)   دسمبر ۱۹۹۶ء   شمارہ (۱)

سرپرست

[illegible]

مجلس مشاورت

[illegible]

[illegible]

[illegible]

فی پرچہ ۱۰ روپے   [illegible]   [illegible]

[illegible]

[illegible]

عدسہ

ادبی ماہنامہ

جلد (1) [illegible]

شمارہ (1)

مدیر میر فاروق علی

قیمت [illegible] 100 روپے

ISSN 1A13-4880(1151)

[illegible] 14 [illegible]

[illegible] 500 017

حیدرآباد (انڈیا)

فون 2717-60[illegible]

9848203700

[illegible]

"Mir Farooq Ali"

[illegible]

[illegible] 040-20512829 [illegible] 9849339586

فہرست مضامین